LA EVOLUCIÓN DE LA INTELIGENCIA ARTIFICIAL

DE ASISTENTES VIRTUALES A ROBOTS AUTÓNOMOS

DAVID SANDUA

La evolución de la Inteligencia Artificial.
© David Sandua 2024. Todos los derechos reservados.
Edición electrónica y de bolsillo.

"La inteligencia artificial cambiará el mundo, pero la cuestión es cómo.

Charlie Rose

ÍNDICE

I. INTRODUCCIÓN 10
    DEFINICIÓN DE INTELIGENCIA ARTIFICIAL 11
    BREVE HISTORIA DE LA INTELIGENCIA ARTIFICIAL 13
    ENUNCIADO DE LA TESIS 14

II. ASISTENTES VIRTUALES 16
    DEFINICIÓN Y FUNCIONALIDAD 17
    TECNOLOGÍAS POPULARES DE ASISTENTE VIRTUAL 18
    IMPACTO EN LA VIDA COTIDIANA 20

III. APRENDIZAJE AUTOMÁTICO 22
    EXPLICACIÓN DEL APRENDIZAJE AUTOMÁTICO 23
    TIPOS DE ALGORITMOS DE APRENDIZAJE AUTOMÁTICO 24
    APLICACIONES EN INTELIGENCIA ARTIFICIAL 26

IV. REDES NEURONALES 28
    VISIÓN GENERAL DE LAS REDES NEURONALES 29
    APRENDIZAJE PROFUNDO Y REDES NEURONALES 31
    REDES NEURONALES EN ROBOTS AUTÓNOMOS 32

V. PROCESAMIENTO DEL LENGUAJE NATURAL 34
    DEFINICIÓN E IMPORTANCIA 35
    TÉCNICAS DE PNL 36
    LA PNL EN LA IA CONVERSACIONAL 38

VI. ROBÓTICA 40
    INTRODUCCIÓN A LA ROBÓTICA 41
    TIPOS DE ROBOTS 42
    INTEGRACIÓN DE LA IA EN LA ROBÓTICA 44

VII. ÉTICA EN EL DESARROLLO DE LA IA 46
    IMPORTANCIA DE LAS CONSIDERACIONES ÉTICAS 47
    CUESTIONES ÉTICAS EN LA IA 48
    MARCOS NORMATIVOS 50

VIII. RETOS EN EL AVANCE DE LA IA 52
    LIMITACIONES DE LOS ACTUALES SISTEMAS DE IA 53
    PREJUICIOS E IMPARCIALIDAD EN LA IA 54
    CUESTIONES DE SEGURIDAD Y PRIVACIDAD 56

IX. FUTURO DE LA IA 58
    TENDENCIAS EMERGENTES EN IA 59
    IMPACTO POTENCIAL EN LA SOCIEDAD 60
    IMPLICACIONES ÉTICAS Y NORMATIVAS 62

X. LA COMPUTACIÓN CUÁNTICA EN LA IA 64
    INTRODUCCIÓN A LA INFORMÁTICA CUÁNTICA 65
    ALGORITMOS DE APRENDIZAJE AUTOMÁTICO CUÁNTICO 66
    REDES NEURONALES CUÁNTICAS 68

XI. LA IA EXPLICABLE 70
    IMPORTANCIA DE LA IA EXPLICABLE 71
    TÉCNICAS PARA MODELOS INTERPRETABLES DE IA 72
    APLICACIONES EN SISTEMAS DE TOMA DE DECISIONES CRÍTICAS 74

XII. LA IA EN LA SANIDAD 76
Papel de la IA en el diagnóstico médico 77
Análisis de imágenes médicas con IA 78
Consideraciones éticas en las aplicaciones sanitarias de IA 80

XIII. LA IA EN FINANZAS 82
Aplicaciones de la IA en los servicios financieros 83
Negociación algorítmica y gestión de riesgos 84
Retos normativos en las finanzas impulsadas por la IA 86

XIV. LA IA EN LA EDUCACIÓN 88
Aprendizaje personalizado con IA 89
Sistemas de tutoría de IA 90
Implicaciones éticas de la IA en la educación 92

XV. LA IA EN LA SOSTENIBILIDAD MEDIOAMBIENTAL 94
IA para la predicción del cambio climático 95
Sistemas inteligentes de gestión de la energía 96
Consideraciones éticas en la IA para la conservación del medio ambiente 98

XVI. LA IA EN LAS INDUSTRIAS CREATIVAS 100
Arte y música generados por IA 101
IA en la creación y crianza de contenidos 102
Derechos de propiedad intelectual y contenidos generados por IA 104

XVII. GOBERNANZA Y RESPONSABILIDAD DE LA IA 106
Importancia de los marcos de gobernanza de la IA 107
Transparencia y responsabilidad en los sistemas de IA 109
Colaboración internacional para la regulación de la IA 110

XVIII. LA IA Y AUMENTO HUMANO 112
Integración de la IA con las capacidades humanas 113
Implicaciones éticas de la colaboración entre humanos e IA 114
Perspectivas futuras de la integración persona-IA 116

XIX. LA IA Y LA SEGURIDAD MUNDIAL 118
IA en Ciberseguridad 119
Sistemas de armas autónomos 120
Acuerdos Internacionales sobre Armas de IA 122

XX. LA COMPUTACIÓN CUÁNTICA EN LA IA 124
Fundamentos de la Computación Cuántica 125
Algoritmos de aprendizaje automático cuántico 126
Redes neuronales cuánticas 128

XXI. LA IA EXPLICABLE EN LOS SISTEMAS AUTÓNOMOS 130
Importancia de la IA explicable en los robots autónomos 131
Técnicas para Modelos Interpretables de IA en Robótica 132
Aplicaciones en Sistemas de Toma de Decisiones Críticas para Robots Autónomos 133

XXII. LA IA EN LA AGRICULTURA 136
Agricultura de precisión con IA 137
Control y gestión de cultivos impulsados por IA 139
Consideraciones éticas en las aplicaciones de IA para la agricultura sostenible 140

XXIII. LA IA EN EL TRANSPORTE 142
Vehículos autónomos e IA 143
Sistemas de gestión del tráfico con IA 144
Preocupaciones éticas y de seguridad en el transporte impulsado por la IA 146

XXIV. LA IA AL POR MENOR 148

EXPERIENCIAS DE COMPRA PERSONALIZADAS CON IA 149
GESTIÓN DE INVENTARIOS Y OPTIMIZACIÓN DE LA CADENA DE SUMINISTRO 150
PRIVACIDAD Y SEGURIDAD DE LOS DATOS EN LAS SOLUCIONES MINORISTAS BASADAS EN IA 152

XXV. LA IA EN LOS MEDIOS SOCIALES 154
IA PARA LA RECOMENDACIÓN DE CONTENIDOS 155
ANÁLISIS DE SENTIMIENTO Y ESCUCHA SOCIAL 157
IMPLICACIONES ÉTICAS DE LA IA EN LAS PLATAFORMAS DE MEDIOS SOCIALES 158

XXVI. LA IA EN LA APLICACIÓN DE LA LEY 161
POLICÍA PREDICTIVA CON IA 162
TECNOLOGÍA DE RECONOCIMIENTO FACIAL EN LAS FUERZAS DE SEGURIDAD 164
RETOS JURÍDICOS Y ÉTICOS EN LA PREVENCIÓN DEL DELITO ASISTIDA POR IA 165

XXVII. LA IA EN LA EXPLORACIÓN ESPACIAL 167
ROBÓTICA E IA EN LAS MISIONES ESPACIALES 168
SISTEMAS AUTÓNOMOS PARA LA EXPLORACIÓN ESPACIAL 169
CONSIDERACIONES ÉTICAS EN LA IA PARA LA EXPLORACIÓN ESPACIAL 171

XXVIII. LA IA EN SALUD MENTAL 173
DIAGNÓSTICO DE SALUD MENTAL BASADO EN IA 174
TERAPEUTAS VIRTUALES Y ASESORAMIENTO IA 175
PRIVACIDAD Y CONFIDENCIALIDAD EN LOS SERVICIOS DE SALUD MENTAL IMPULSADOS POR LA IA 177

XXIX. LA IA EN LA RESPUESTA A LAS CATÁSTROFES 179
IA PARA SISTEMAS DE ALERTA RÁPIDA 180
ROBÓTICA EN OPERACIONES DE BÚSQUEDA Y RESCATE 181
CONSIDERACIONES ÉTICAS EN EL DESPLIEGUE DE IA DURANTE CATÁSTROFES 183

XXX. LA IA EN EL DEPORTE 185
ANÁLISIS Y PREDICCIÓN DEL RENDIMIENTO 186
ENTRENAMIENTO Y OPTIMIZACIÓN DEL DEPORTISTA 187
CONSIDERACIONES ÉTICAS EN LOS DEPORTES MEJORADOS POR IA 189

XXXI. LA IA EN LA INDUSTRIA DEL ENTRETENIMIENTO 191
CREACIÓN Y PERSONALIZACIÓN DE CONTENIDOS 192
REALIDAD VIRTUAL E INTEGRACIÓN DE LA IA 193
IMPACTO EN EL COMPROMISO Y LA EXPERIENCIA DE LA AUDIENCIA 195

XXXII. LA IA EN LA ATENCIÓN AL CLIENTE 197
CHATBOTS Y SISTEMAS DE ASISTENCIA AUTOMATIZADOS 198
INTERACCIONES PERSONALIZADAS CON LOS CLIENTES 199
RETOS Y OPORTUNIDADES EN LA ATENCIÓN AL CLIENTE IMPULSADA POR LA IA 201

XXXIII. CONCLUSIÓN 203
RECAPITULACIÓN DE LA EVOLUCIÓN DE LA IA DESDE LOS ASISTENTES VIRTUALES A LOS ROBOTS AUTÓNOMOS ... 204
REFLEXIÓN SOBRE EL IMPACTO TRANSFORMADOR DE LAS TECNOLOGÍAS DE IA 205
LLAMAMIENTO A LA ACCIÓN PARA UN DESARROLLO ÉTICO Y RESPONSABLE DE LA IA 207

BIBLIOGRAFÍA 209

I. INTRODUCCIÓN

La inteligencia artificial, un concepto que antes parecía de ciencia ficción, se ha convertido ahora en parte integrante de nuestra vida cotidiana. Desde asistentes virtuales como Siri y Alexa hasta robots autónomos que realizan tareas complejas, la IA ha evolucionado rápidamente e impregnado diversos sectores. Esta evolución ha revolucionado la forma en que interactuamos con la tecnología y ha ampliado los límites de lo que pueden lograr las máquinas. La transición de los asistentes virtuales a los robots autónomos representa un hito importante en el desarrollo de la IA, marcando un cambio hacia sistemas más sofisticados e independientes que pueden operar en entornos del mundo real. Los asistentes virtuales fueron una de las primeras manifestaciones de la IA que ganaron popularidad, ofreciendo a los usuarios la posibilidad de interactuar con la tecnología mediante comandos de lenguaje natural. Estos asistentes virtuales, equipados con capacidades de reconocimiento de voz y procesamiento del lenguaje natural, se han convertido en herramientas indispensables para tareas como establecer recordatorios, buscar información y controlar dispositivos domésticos inteligentes. El impacto de los asistentes virtuales va más allá del uso personal, ya que las industrias aprovechan sus capacidades para mejorar el servicio al cliente, agilizar las operaciones y aumentar la productividad. A medida que la tecnología seguía avanzando, la atención se desplazó hacia el desarrollo de robots autónomos que pudieran funcionar de forma autónoma sin intervención humana. Estos robots, que van desde vehículos autónomos a máquinas industriales, están equipados con sensores, actuadores y algoritmos de IA que les permiten navegar por entornos complejos y realizar tareas con eficacia. Aunque el desarrollo de robots autónomos presenta interesantes oportunidades de innovación, también plantea problemas éticos y sociales en relación con cuestiones como el desplazamiento de puestos de trabajo, la seguridad y la privacidad. A medida que la IA sigue evolucionando, es crucial encontrar un equilibrio entre el progreso tecnológico y las consideraciones éticas para garantizar que estos avances beneficien a la sociedad en su conjunto.

Definición de Inteligencia Artificial

Los asistentes virtuales han contribuido decisivamente a configurar el panorama moderno de la inteligencia artificial. Estos programas de software inteligentes están diseñados para ayudar a los usuarios en diversas tareas, desde establecer recordatorios hasta responder a consultas complejas. Empresas como Apple, Amazon y Google han encabezado el desarrollo de asistentes virtuales como Siri, Alexa y Google Assistant, que se han integrado en la vida cotidiana de millones de personas. Las funcionalidades iniciales de los asistentes virtuales se centraban en el reconocimiento de voz y los comandos básicos, pero los avances en el procesamiento del lenguaje natural han permitido a estos sistemas comprender y responder a interacciones más complejas con los usuarios. Mediante la integración de tecnologías de aprendizaje automático y redes neuronales, los asistentes virtuales han evolucionado para ofrecer respuestas y recomendaciones personalizadas, lo que los convierte en herramientas inestimables tanto en el ámbito personal como en el profesional. A medida que los asistentes virtuales siguen mejorando sus capacidades, la atención se ha desplazado hacia el desarrollo de robots autónomos, la próxima frontera de la inteligencia artificial. Los robots autónomos se definen por su capacidad de funcionar de forma independiente, tomando decisiones y realizando tareas sin intervención humana. Algunos ejemplos de robots autónomos son los coches autoconducidos, los robots de limpieza y los robots industriales utilizados en los procesos de fabricación. Estas máquinas están equipadas con sensores avanzados, algoritmos de inteligencia artificial y sofisticados sistemas de control que les permiten navegar por entornos complejos y adaptarse a condiciones cambiantes. Aunque el desarrollo de robots autónomos es muy prometedor para revolucionar sectores como el transporte, la sanidad y la agricultura, también existen importantes retos tecnológicos y éticos que deben abordarse, como las cuestiones de seguridad, la privacidad de los datos y el impacto en la mano de obra. La proliferación de robots autónomos en diversos sectores subraya el creciente impacto de la inteligencia artificial en la sociedad. Desde la asistencia en procedimientos médicos hasta la optimización de las cadenas de suministro en logística, estas máquinas inteligentes están remodelando las industrias y transformando nuestra forma de vivir y trabajar. A medida que las empresas adoptan cada vez más robots autónomos para agilizar las operaciones y aumentar la eficiencia, es esencial considerar los beneficios y riesgos potenciales asociados a su uso generalizado. Aunque el despliegue de robots autónomos tiene el potencial de mejorar la productividad e impulsar la innovación, también preocupan el desplazamiento de puestos de trabajo, los dilemas éticos y la necesidad de marcos normativos que regulen su despliegue. Al explorar la evolución de la inteligencia artificial desde los asistentes virtuales hasta los robots autónomos, obtenemos información sobre los avances tecnológicos que están dando forma a nuestro futuro y las consideraciones críticas que deben abordarse para garantizar que la IA beneficie a la sociedad en su conjunto.

Breve historia de la inteligencia artificial

Progreso Tecnológico: Del reconocimiento del habla a la comprensión del lenguaje natural. A medida que la inteligencia artificial seguía avanzando, se hicieron progresos significativos en el campo del procesamiento del lenguaje natural, lo que permitió a los asistentes virtuales ir más allá del simple reconocimiento del habla hacia un nivel de comprensión más sofisticado. Mediante la integración de tecnologías de aprendizaje automático y redes neuronales, asistentes virtuales como Siri, Alexa y Google Assistant fueron capaces no sólo de reconocer palabras habladas, sino también de interpretar y responder a órdenes complejas de una forma más parecida a la humana. Este desarrollo marcó un paso crucial en la evolución de la IA, ya que permitió a los asistentes virtuales interactuar con los usuarios de forma más intuitiva y eficaz, revolucionando la forma en que las personas acceden a la información, realizan tareas y se comunican con la tecnología. La siguiente fase en la evolución de la inteligencia artificial fue la aparición de los robots autónomos, que representaron un importante salto adelante en las capacidades de las máquinas impulsadas por la IA. Los robots autónomos se caracterizan por su capacidad para realizar tareas y tomar decisiones de forma independiente, sin intervención humana directa. Algunos ejemplos de robots autónomos actuales son los vehículos autónomos, los robots de limpieza y los robots utilizados en entornos industriales. Estos robots están equipados con sensores, cámaras y algoritmos avanzados que les permiten navegar por su entorno, interactuar con objetos y realizar funciones específicas con un alto grado de autonomía. El desarrollo de robots autónomos también plantea retos tecnológicos y éticos, ya que la integración de la IA en los robots plantea cuestiones de seguridad, privacidad y consideraciones éticas que deben abordarse a medida que estas tecnologías se generalizan en la sociedad.

Enunciado de la tesis

La evolución de la inteligencia artificial ha dado pasos significativos desde los primeros días de los asistentes virtuales hasta los robots autónomos más complejos de hoy en día. Los asistentes virtuales, como Siri, Alexa y Google Assistant, marcaron la incursión inicial en la IA, proporcionando a los usuarios funciones básicas como establecer recordatorios, reproducir música y responder a preguntas sencillas. Estos primeros desarrollos sentaron las bases para capacidades más sofisticadas de comprensión del lenguaje natural, permitiendo a los asistentes virtuales procesar órdenes complejas y participar en interacciones más significativas con los usuarios. El impacto de los asistentes virtuales va más allá de la comodidad personal, influyendo en varias industrias al mejorar el servicio al cliente, agilizar las operaciones e impulsar la innovación en las tecnologías de la comunicación. A medida que avanzaba la tecnología, la atención se desplazó hacia el desarrollo de robots autónomos capaces de realizar tareas de forma independiente sin intervención humana. Los robots autónomos, como los vehículos autónomos y los robots de limpieza, muestran un mayor grado de inteligencia y automatización, lo que los convierte en activos valiosos en industrias que van desde la fabricación a la atención sanitaria. El avance de los robots autónomos también presenta retos, tanto tecnológicos como éticos, como garantizar la seguridad en los vehículos autónomos y abordar las preocupaciones sobre el desplazamiento de puestos de trabajo debido a la automatización. A pesar de estos retos, los beneficios potenciales de los robots autónomos en términos de eficiencia, productividad y seguridad están impulsando una mayor investigación y desarrollo en el campo de la robótica. Mirando hacia delante, el futuro de la inteligencia artificial encierra tendencias y perspectivas prometedoras que están preparadas para moldear la sociedad de formas profundas. Desde la integración de la IA con otras tecnologías de vanguardia, como la cadena de bloques y la computación cuántica, hasta el aumento de las consideraciones éticas en el desarrollo de la IA, la trayectoria de la evolución de la IA es polifacética y dinámica. Mientras navegamos por este paisaje en rápida evolución, es crucial encontrar un equilibrio entre la innovación tecnológica y las consideraciones éticas para garantizar que la IA siga beneficiando a la humanidad sin comprometer los valores y principios fundamentales. El viaje desde los asistentes virtuales a los robots autónomos pone de relieve el poder transformador de la IA y subraya la necesidad de una reflexión meditada y una gobernanza proactiva para dirigir su curso de forma responsable.

II. ASISTENTES VIRTUALES

Los asistentes virtuales, cada vez más integrados en nuestra vida cotidiana, representan un hito importante en el desarrollo de la inteligencia artificial. Estos programas impulsados por la IA, como Siri, Alexa y Google Assistant, han revolucionado la forma en que interactuamos con la tecnología, proporcionando asistencia personalizada mediante comandos de voz. Inicialmente diseñados para tareas sencillas como programar alarmas o enviar mensajes, los asistentes virtuales han evolucionado para ofrecer una amplia gama de capacidades, como responder a preguntas complejas, ofrecer recomendaciones e incluso controlar dispositivos domésticos inteligentes. Su impacto va más allá de los usuarios individuales, ya que las empresas también han adoptado los asistentes virtuales para agilizar el servicio al cliente y mejorar la eficiencia operativa. El progreso tecnológico que ha permitido a los asistentes virtuales avanzar desde el reconocimiento básico del habla hasta una sofisticada comprensión del lenguaje natural ha sido un motor clave en su evolución. Los avances en el procesamiento del lenguaje natural han permitido a los asistentes virtuales no sólo reconocer palabras, sino también comprender el contexto, el tono y la intención de las consultas de los usuarios. Al aprovechar los algoritmos de aprendizaje automático y las redes neuronales, estos sistemas de IA aprenden continuamente y mejoran sus respuestas, haciendo que las interacciones sean más fluidas e intuitivas. Esta transformación ha mejorado significativamente la usabilidad y eficacia de los asistentes virtuales en diversas tareas, desde ofrecer recomendaciones personalizadas hasta facilitar la comunicación con manos libres. De cara al futuro, los robots autónomos representan la próxima frontera de la inteligencia artificial, combinando las capacidades de los asistentes virtuales con la movilidad física y la autonomía. Estos robots, como los vehículos autónomos, los robots de limpieza y los sistemas de automatización industrial, tienen el potencial de revolucionar diversos sectores al realizar tareas complejas de forma independiente y eficiente. El desarrollo de robots autónomos también plantea importantes retos tecnológicos y éticos, como garantizar la seguridad, la privacidad y la responsabilidad en sus operaciones. A medida que navegamos hacia un futuro en el que los robots autónomos desempeñan un papel más destacado, es crucial abordar estos retos para aprovechar todo el potencial de la IA, manteniendo al mismo tiempo las normas éticas y los valores sociales.

Definición y Funcionalidad
Los avances tecnológicos han conducido al desarrollo de robots autónomos, que representan la próxima frontera de la inteligencia artificial. Estos robots se definen como máquinas que pueden realizar tareas o trabajar de forma independiente sin intervención humana. A menudo incorporan una combinación de sensores, actuadores y algoritmos de IA para navegar por su entorno y tomar decisiones. Algunos ejemplos de robots autónomos son los coches autoconducidos, los robots de limpieza y los robots industriales utilizados en los procesos de fabricación. La aparición de robots autónomos plantea retos tanto tecnológicos como éticos que deben abordarse cuidadosamente para garantizar su integración segura en la sociedad. La funcionali-

dad de los robots autónomos va más allá de la mera automatización, ya que poseen la capacidad de percibir y responder a su entorno en tiempo real. Estos robots están equipados con sensores avanzados como cámaras, Lidar y Radar para recoger datos sobre su entorno. A continuación, estos datos son procesados por algoritmos de IA para tomar decisiones de forma autónoma. Los robots autónomos pueden adaptarse a situaciones cambiantes, aprender de la experiencia y optimizar su rendimiento a lo largo del tiempo. Sus aplicaciones potenciales abarcan una amplia gama de sectores, desde la sanidad a la agricultura, y ofrecen nuevas posibilidades de mejorar la eficacia y la productividad. Aunque el uso de robots autónomos ofrece numerosas ventajas, su adopción generalizada plantea riesgos significativos que deben considerarse cuidadosamente. Estos riesgos incluyen preocupaciones sobre la privacidad de los datos, vulnerabilidades de ciberseguridad y el posible desplazamiento de trabajadores humanos en determinadas industrias. También hay que abordar los dilemas éticos que rodean el uso de robots autónomos, como las cuestiones relacionadas con la responsabilidad y la toma de decisiones. Es esencial que los responsables políticos, los investigadores y las partes interesadas de la industria colaboren para desarrollar normativas y directrices sólidas que garanticen el despliegue responsable de los robots autónomos en la sociedad.

Tecnologías populares de Asistente Virtual

Los asistentes virtuales se han convertido en una parte integral de la vida moderna, con tecnologías como Siri, Alexa y Google Assistant a la cabeza de las interacciones de IA. Estos asistentes virtuales han pasado de ser dispositivos básicos de comandos de voz a sofisticados sistemas de IA capaces de comprender y responder a consultas complejas. Su impacto en la vida cotidiana es profundo, simplificando tareas y proporcionando comodidad en diversos sectores, como la sanidad, las finanzas y el entretenimiento. El desarrollo de los asistentes virtuales ha allanado el camino a los avances en la comprensión del lenguaje natural, permitiendo a estos sistemas interpretar y responder al lenguaje humano con una precisión y eficacia cada vez mayores. Gracias a la integración de las tecnologías de aprendizaje automático y redes neuronales, los asistentes virtuales han avanzado mucho en sus capacidades, yendo más allá de la simple ejecución de comandos hacia interacciones conscientes del contexto. La progresión del reconocimiento del habla a la comprensión del lenguaje natural ha sido clave para mejorar las experiencias de los usuarios y ampliar las aplicaciones de los asistentes virtuales. Esta evolución también ha planteado consideraciones éticas sobre la privacidad y la seguridad de los datos, ya que estos sistemas recopilan y analizan grandes cantidades de información del usuario para mejorar su rendimiento. A medida que la IA siga desarrollándose, garantizar el uso ético de estas tecnologías será crucial para mantener la confianza y promover la innovación responsable. De cara al futuro, la siguiente fase en la evolución de la IA es la aparición de robots autónomos, que combinan tecnologías de IA con movilidad física para realizar tareas de forma independiente. Desde los vehículos autónomos hasta los robots en industrias como la fabricación y la agricultura, estas tecnologías ofrecen nuevas posibilidades de automatización y eficiencia. Los retos relacionados con la seguridad, la regulación y el impacto social deben abordarse a medida que los robots autónomos se hacen más frecuentes. A medida que la IA siga avanzando, la sinergia entre los asistentes virtuales y los robots autónomos configurará el panorama futuro de la tecnología, transformando la forma en que trabajamos, interactuamos y vivimos en un mundo digital en rápida evolución.

Impacto en la vida cotidiana

El impacto de la inteligencia artificial en la vida cotidiana es innegable, con la evolución de los asistentes virtuales a los robots autónomos que está remodelando nuestra forma de interactuar con la tecnología. Asistentes virtuales como Siri, Alexa y Google Assistant se han convertido en parte integrante de nuestras rutinas, proporcionando comodidad y eficiencia en el acceso a la información, la gestión de tareas y el control de dispositivos inteligentes. La capacidad de conversar con estos sistemas impulsados por la IA ha alterado fundamentalmente la forma en que navegamos por nuestra vida cotidiana, difuminando las líneas entre las interacciones humanas y las de las máquinas. A medida que los asistentes virtuales sigan evolucionando con los avances en el procesamiento del lenguaje natural y el aprendizaje automático, su presencia en nuestras vidas se hará cada vez más omnipresente, influyendo en todo, desde cómo compramos y nos comunicamos hasta cómo trabajamos y nos entretenemos. Más allá de los asistentes virtuales, la aparición de robots autónomos representa una nueva frontera de la IA con profundas implicaciones para la vida cotidiana. Estos robots, dotados de la capacidad de funcionar de forma independiente y tomar decisiones basadas en su entorno, tienen el potencial de revolucionar diversas industrias, desde el transporte y la atención sanitaria hasta la fabricación y la agricultura. La integración de robots autónomos en nuestra vida cotidiana ofrece posibilidades apasionantes de aumentar la eficacia, la productividad y la seguridad. El desarrollo de sistemas tan avanzados también conlleva importantes retos tecnológicos y éticos, planteando cuestiones importantes sobre el impacto en el empleo, la privacidad y el bienestar de la sociedad. A medida que los robots autónomos siguen implantándose en aplicaciones del mundo real, el impacto en la vida cotidiana se hace más tangible, con ejemplos que van desde los coches autoconducidos y los drones de reparto hasta la cirugía robótica y los procesos de fabricación automatizados. Los casos de uso de los robots autónomos abarcan diversos sectores, prometiendo una mayor fiabilidad, precisión y rentabilidad en diversas operaciones. Aunque estos avances tecnológicos tienen el potencial de mejorar nuestra calidad de vida e impulsar el crecimiento económico, también suscitan preocupación por el desplazamiento de puestos de trabajo, la seguridad de los datos y las ramificaciones éticas de ceder el poder de decisión a las máquinas. Es crucial considerar cuidadosamente los beneficios y riesgos asociados a la adopción generalizada de robots autónomos, garantizando que estas tecnologías innovadoras se desplieguen de forma responsable para maximizar su impacto positivo en la sociedad.

III. APRENDIZAJE AUTOMÁTICO

La integración de técnicas de aprendizaje automático ha desempeñado un papel fundamental en el avance de las capacidades de la inteligencia artificial, permitiendo a las máquinas aprender de los datos y tomar decisiones sin programación explícita. Los algoritmos de aprendizaje automático han sido fundamentales para mejorar la precisión, eficacia y adaptabilidad de los sistemas de IA, permitiéndoles evolucionar y mejorar con el tiempo. Al utilizar redes neuronales y otros modelos matemáticos sofisticados, el aprendizaje automático ha transformado la forma en que se desarrollan y despliegan los sistemas de IA, permitiéndoles realizar tareas complejas como el procesamiento del lenguaje natural, el reconocimiento de imágenes y la toma de decisiones autónoma. Una de las principales ventajas del aprendizaje automático en el contexto de la inteligencia artificial es su capacidad para aprender continuamente y adaptarse a la nueva información. Este proceso de aprendizaje adaptativo permite a los sistemas de IA analizar grandes cantidades de datos, identificar patrones y hacer predicciones basadas en nuevas entradas. Mediante técnicas como el aprendizaje por refuerzo y el aprendizaje profundo, los algoritmos de aprendizaje automático pueden optimizar su rendimiento y tomar decisiones más precisas a lo largo del tiempo. Este proceso de aprendizaje iterativo es esencial para los robots autónomos, ya que les permite navegar por entornos dinámicos, interactuar con humanos y realizar tareas complejas con una intervención humana mínima. A medida que el aprendizaje automático sigue avanzando, las posibilidades de la inteligencia artificial y la robótica autónoma son ilimitadas. Desde los coches autoconducidos hasta los robots industriales inteligentes, la integración de algoritmos de aprendizaje automático tiene el potencial de revolucionar varias industrias y allanar el camino hacia un futuro en el que los sistemas inteligentes puedan trabajar junto a los humanos sin problemas. Aunque hay retos y consideraciones éticas que abordar, la evolución del aprendizaje automático y la inteligencia artificial es muy prometedora para mejorar la eficiencia, la productividad y la innovación en los próximos años.

Explicación del aprendizaje automático

Dado que el aprendizaje automático es cada vez más frecuente en diversos campos, es esencial comprender sus principios fundamentales. El aprendizaje automático se refiere al subconjunto de la inteligencia artificial que permite a los ordenadores aprender y mejorar a partir de la experiencia sin ser programados explícitamente. Mediante el uso de algoritmos y modelos estadísticos, las máquinas pueden analizar datos, identificar patrones y tomar decisiones. Uno de los aspectos clave del aprendizaje automático es su capacidad para adaptarse y mejorar con el tiempo a medida que procesa más información. Este proceso iterativo permite a las máquinas refinar sus predicciones y optimizar su rendimiento basándose en la retroalimentación. Las técnicas de aprendizaje automático pueden clasificarse en varios tipos: aprendizaje supervisado, aprendizaje no supervisado y aprendizaje por refuerzo. En el aprendizaje supervisado, las máquinas se entrenan con datos etiquetados para hacer predicciones o clasificaciones. El aprendizaje no supervisado consiste en extraer patrones y conocimientos de datos no etiquetados mediante técnicas como la agrupación y la reducción dimensional. El aprendizaje por refuerzo, por otra parte, se centra en entrenar a los agentes para que tomen decisiones secuenciales recompensando o castigando sus acciones en función de sus resultados. Cada uno de estos enfoques tiene sus propias ventajas y aplicaciones en distintos ámbitos. Los rápidos avances en el aprendizaje automático han conducido al desarrollo de sofisticados algoritmos y modelos que pueden abordar problemas complejos en diversos sectores. Desde el reconocimiento de imágenes y el procesamiento del lenguaje natural hasta la navegación autónoma y el análisis predictivo, el aprendizaje automático ha revolucionado la forma en que interactuamos con la tecnología y procesamos la información. A medida que los investigadores siguen ampliando los límites de lo que es posible con la IA, es crucial tener en cuenta las implicaciones éticas y los posibles sesgos que pueden derivarse del uso de algoritmos de aprendizaje automático. Si comprendemos los principios subyacentes y las limitaciones del aprendizaje automático, podremos aprovechar su poder para impulsar la innovación y abordar algunos de los retos más acuciantes a los que se enfrenta la sociedad actual.

Tipos de algoritmos de aprendizaje automático

Los avances en el aprendizaje automático han allanado el camino para el desarrollo de varios tipos de algoritmos que sustentan los sistemas de inteligencia artificial. Los algoritmos de aprendizaje supervisado, por ejemplo, están diseñados para aprender de datos etiquetados, permitiendo a las máquinas hacer predicciones o tomar decisiones basadas en este entrenamiento. Este tipo de algoritmo se utiliza habitualmente en aplicaciones como el reconocimiento de imágenes, la detección de spam y los sistemas de recomendación. En cambio, los algoritmos de aprendizaje no supervisado no se basan en datos etiquetados, sino que identifican patrones y relaciones en conjuntos de datos no etiquetados. Los algoritmos de agrupación, como K-means y la agrupación jerárquica, pertenecen a esta categoría y suelen emplearse en tareas como la segmentación de clientes y la detección de anomalías. Los algoritmos de aprendizaje por refuerzo representan un enfoque distinto en el aprendizaje automático, en el que un agente aprende a interactuar con un entorno mediante ensayo y error. Al recibir recompensas o penalizaciones en función de sus acciones, el agente refina continuamente su proceso de toma de decisiones para alcanzar un objetivo específico. Este tipo de algoritmo ha sido fundamental en el desarrollo de sistemas autónomos, como los coches que se conducen solos y los brazos robóticos. Los algoritmos de aprendizaje profundo, inspirados en la estructura y función del cerebro humano, han ganado protagonismo en los últimos años por su capacidad para procesar grandes volúmenes de datos y extraer patrones complejos. Las redes neuronales convolucionales (CNN) y las redes neuronales recurrentes (RNN) son ejemplos de arquitecturas de aprendizaje profundo ampliamente utilizadas en tareas como el reconocimiento de imágenes y del habla. Aunque cada tipo de algoritmo de aprendizaje automático tiene sus puntos fuertes y débiles, el progreso general de la IA se ha acelerado mediante la combinación y el perfeccionamiento de estas técnicas. Los enfoques híbridos, como el aprendizaje por conjuntos, en el que se combinan varios modelos para mejorar la precisión, se han hecho cada vez más populares en aplicaciones complejas de IA. A medida que los investigadores sigan ampliando los límites del aprendizaje automático y la IA, el futuro depara avances prometedores que redefinirán aún más las capacidades y el impacto de los sistemas inteligentes en diversos ámbitos.

Aplicaciones en Inteligencia Artificial

Los avances en inteligencia artificial han allanado el camino para una amplia gama de aplicaciones en diversos sectores, revolucionando la forma en que se realizan las tareas y se toman las decisiones. Una aplicación clave que ha tenido un impacto significativo en la vida cotidiana son los asistentes virtuales, como Siri, Alexa y Google Assistant. Estos asistentes virtuales han pasado de ser sistemas básicos de reconocimiento de comandos de voz a sofisticadas herramientas capaces de entender y responder a consultas en lenguaje natural. Su integración con algoritmos de aprendizaje automático y tecnologías de redes neuronales ha mejorado su precisión y eficacia, haciéndolos indispensables en tareas que van desde establecer recordatorios a realizar búsquedas en Internet. La adopción generalizada de asistentes virtuales en los hogares, las empresas y los entornos sanitarios ha reconfigurado la forma en que las personas interactúan con la tecnología, agilizando los procesos y mejorando la productividad. A medida que la inteligencia artificial sigue avanzando, el desarrollo de robots autónomos representa la próxima frontera de la innovación tecnológica. Los robots autónomos están equipados con sensores, procesadores y algoritmos que les permiten funcionar de forma independiente sin intervención humana. Algunos ejemplos de robots autónomos son los coches autoconducidos, los robots de limpieza y los brazos robóticos utilizados en la fabricación. Estos robots demuestran el potencial de la IA para mejorar la eficacia y la seguridad realizando tareas que son tediosas, peligrosas o que llevan mucho tiempo a los humanos. El desarrollo de robots autónomos también plantea retos éticos y técnicos, como garantizar la seguridad y la responsabilidad de estas máquinas en entornos complejos. La integración de la IA en la robótica promete transformar sectores como el transporte, la sanidad y la agricultura, ofreciendo nuevas oportunidades de eficiencia e innovación. Las aplicaciones de la inteligencia artificial en el mundo real, en particular los robots autónomos, abarcan una amplia gama de sectores, como la medicina, la logística, la agricultura y la seguridad. En medicina, se están utilizando robots para ayudar a los cirujanos en intervenciones delicadas, mientras que en agricultura, los drones equipados con algoritmos de IA están optimizando la gestión de los cultivos y las cosechas. En logística, los robots autónomos agilizan las operaciones de almacén y los servicios de entrega, mientras que en seguridad, los robots mejoran las capacidades de vigilancia y detección de amenazas. Aunque los beneficios de la automatización impulsada por la IA son enormes, también existen riesgos asociados a la posible pérdida de puestos de trabajo y a los problemas de privacidad. Mientras la sociedad navega por el futuro de la inteligencia artificial, hay que encontrar un equilibrio entre la innovación tecnológica y las implicaciones éticas para garantizar que la IA beneficie a toda la humanidad.

IV. REDES NEURONALES

Las redes neuronales se han convertido en un componente crítico en la evolución de la inteligencia artificial, ya que permiten a las máquinas aprender de los datos y tomar decisiones sin programación explícita. Estos complejos sistemas de nodos interconectados, inspirados en la estructura del cerebro humano, han revolucionado diversos campos, como el reconocimiento de imágenes y del habla, el procesamiento del lenguaje natural y la toma de decisiones autónoma. Al simular la forma en que las neuronas se comunican entre sí, las redes neuronales son capaces de analizar cantidades masivas de datos y reconocer patrones que serían imposibles de procesar manualmente por los seres humanos. Esta capacidad ha mejorado significativamente la precisión y la eficacia de los sistemas de IA, dando lugar a avances en diversas aplicaciones, desde el diagnóstico sanitario hasta los coches autoconducidos. Mediante la integración de técnicas de aprendizaje automático y redes neuronales, las tecnologías impulsadas por la IA, como los asistentes virtuales, han pasado de ser simples herramientas activadas por la voz a sofisticados sistemas capaces de comprender y responder a órdenes complejas en lenguaje natural. Este avance no sólo ha mejorado la experiencia del usuario, sino que también ha permitido a los asistentes virtuales realizar una gama más amplia de tareas, como ofrecer recomendaciones personalizadas, gestionar agendas e incluso mantener conversaciones básicas. El desarrollo de redes neuronales ha desempeñado un papel crucial al permitir que estos asistentes virtuales mejoren continuamente su rendimiento mediante bucles de retroalimentación y algoritmos de aprendizaje adaptativo, convirtiéndolos en herramientas indispensables en nuestra vida cotidiana. Cuando miramos al futuro de la inteligencia artificial, los robots autónomos destacan como la próxima frontera en el avance de la interacción humano-robot y la automatización. Estas máquinas inteligentes, equipadas con sensores, actuadores y algoritmos de redes neuronales, tienen el potencial de revolucionar sectores que van desde la fabricación y la logística hasta la asistencia sanitaria y la agricultura. Los robots autónomos tienen la capacidad de realizar tareas complejas con precisión y eficacia, minimizando los errores y aumentando la productividad. La adopción generalizada de robots autónomos también plantea problemas éticos relacionados con el desplazamiento de puestos de trabajo, la privacidad de los datos y la seguridad. Mientras seguimos ampliando los límites de la tecnología de IA, es crucial abordar estos retos y garantizar que los beneficios de los robots autónomos se aprovechen para el bien de la sociedad.

Visión general de las redes neuronales
Con el avance de las tecnologías de procesamiento del lenguaje natural, los asistentes virtuales han pasado de limitarse a reconocer el habla a comprender y responder a órdenes complejas con mayor precisión y eficacia. Este progreso se ha visto impulsado por la integración de algoritmos de aprendizaje automático y modelos de redes neuronales en el diseño y funcionamiento de los asistentes virtuales. Estas sofisticadas tecnologías han permitido que los asistentes virtuales no sólo reconozcan palabras y frases, sino que también interpreten el contexto, analicen la semántica y generen respuestas adecuadas, dando lugar a una interacción más natural e intuitiva con los usuarios.

Los robots autónomos representan la última frontera de la inteligencia artificial, definida por su capacidad para funcionar de forma independiente, tomar decisiones y adaptarse a entornos cambiantes sin intervención humana. Algunos ejemplos de robots autónomos actuales son los vehículos autoconducidos, los robots limpiadores y los robots industriales utilizados en la fabricación y la logística. Estas máquinas aprovechan los sensores avanzados, los algoritmos de aprendizaje automático y las redes neuronales para percibir su entorno, navegar por entornos complejos y realizar tareas específicas con eficacia. El desarrollo de robots autónomos también presenta importantes retos tecnológicos y éticos, incluidas cuestiones relacionadas con la seguridad, la protección, la privacidad y el impacto potencial sobre el empleo en diversas industrias. Casos de uso y aplicaciones en el mundo real. Las aplicaciones de los robots autónomos abarcan diversos sectores, como la medicina, la logística, la agricultura y la seguridad, donde estas máquinas tienen el potencial de revolucionar los flujos de trabajo operativos y mejorar la productividad general. En el campo médico, los robots autónomos pueden ayudar en la cirugía, la atención al paciente y la administración de fármacos, mientras que en la agricultura pueden optimizar la gestión de los cultivos y los procesos de recolección. La adopción generalizada de robots autónomos también suscita preocupación por los posibles riesgos e implicaciones éticas, como el desplazamiento de puestos de trabajo, la privacidad de los datos y la necesidad de marcos reguladores que garanticen el despliegue seguro y responsable de estas tecnologías en la sociedad.

Aprendizaje profundo y redes neuronales

A medida que el aprendizaje profundo y las redes neuronales siguen avanzando, el potencial de la inteligencia artificial para revolucionar diversas industrias se hace cada vez más evidente. Mediante la integración de tecnologías de aprendizaje automático y redes neuronales, los asistentes virtuales han evolucionado desde simples herramientas de reconocimiento de voz hasta sofisticados sistemas capaces de comprender el lenguaje natural. Esta progresión ha mejorado significativamente las capacidades de los asistentes virtuales, permitiéndoles interpretar órdenes complejas y dar respuestas más precisas y pertinentes. La capacidad de estos sistemas impulsados por la IA para aprender y mejorar con el tiempo mediante redes neuronales ha transformado la forma en que las personas interactúan con la tecnología, allanando el camino para experiencias de usuario más personalizadas y eficientes. La próxima frontera de la inteligencia artificial reside en el desarrollo de robots autónomos. Estas sofisticadas máquinas, equipadas con sensores avanzados y capacidad para tomar decisiones, tienen el potencial de revolucionar diversos sectores, desde el transporte hasta la fabricación. Los robots autónomos pueden realizar tareas en entornos dinámicos e impredecibles, mostrando el poder de los algoritmos de aprendizaje profundo y las redes neuronales para permitir la autonomía y la adaptabilidad. La adopción generalizada de robots autónomos también plantea importantes retos tecnológicos y éticos, como garantizar la seguridad y protección de estos sistemas y abordar las preocupaciones sobre el desplazamiento de puestos de trabajo y las repercusiones sociales. La evolución de la inteligencia artificial desde los asistentes virtuales hasta los robots autónomos supone un cambio de paradigma en el campo de la tecnología. A medida que el aprendizaje profundo y las redes neuronales siguen impulsando la innovación en IA, las posibilidades de aprovechar estas tecnologías para mejorar la eficiencia, la productividad y la calidad de vida en general son infinitas. Es esencial abordar el desarrollo y despliegue de los sistemas de IA con cautela, teniendo en cuenta las implicaciones éticas y los riesgos potenciales asociados a su adopción generalizada. Al lograr un equilibrio entre la innovación tecnológica y las consideraciones éticas, la sociedad puede aprovechar todo el potencial de la inteligencia artificial, garantizando al mismo tiempo que estos avances beneficien a la humanidad en su conjunto.

Redes neuronales en robots autónomos

La integración de redes neuronales en robots autónomos marca un avance significativo en el campo de la inteligencia artificial. Las redes neuronales, inspiradas en la estructura del cerebro humano, tienen la capacidad de procesar datos complejos y aprender de ellos, lo que permite a los robots tomar decisiones de forma autónoma. Estas redes, mediante algoritmos de aprendizaje profundo, pueden analizar grandes cantidades de datos y adaptar su comportamiento en función de nuevas entradas, lo que permite procesos de toma de decisiones más sofisticados y refinados en los robots autónomos. Al aprovechar las redes neuronales, los robots autónomos pueden mostrar niveles más altos de capacidades cognitivas, como la percepción, el razonamiento y la toma de decisiones. En el ámbito de los vehículos autónomos, las redes neuronales permiten al vehículo detectar y clasificar objetos en tiempo real, predecir el comportamiento de otros usuarios de la carretera y tomar decisiones en fracciones de segundo para garantizar una navegación segura. Este nivel de inteligencia en los robots tiene el potencial de revolucionar sectores como el transporte, la fabricación y la sanidad, donde la toma de decisiones precisa y el comportamiento adaptativo son cruciales para la eficacia operativa. La incorporación de redes neuronales en los robots autónomos también plantea retos éticos y tecnológicos. La dependencia de la tecnología avanzada de IA, impulsada por las redes neuronales, suscita preocupaciones en relación con la privacidad de los datos, la ciberseguridad y el impacto potencial de los robots autónomos en la mano de obra. A medida que estos robots se vuelven más autónomos y capaces de realizar tareas complejas, surgen preguntas sobre la responsabilidad y la transparencia de sus procesos de toma de decisiones. Es esencial que los responsables políticos, los investigadores y las partes interesadas de la industria aborden estos retos de forma proactiva para garantizar el despliegue responsable y ético de los robots autónomos en la sociedad.

V. PROCESAMIENTO DEL LENGUAJE NATURAL

Los avances en el procesamiento del lenguaje natural han estado a la vanguardia de la evolución de la inteligencia artificial, permitiendo a los asistentes virtuales comprender y responder al lenguaje humano con una precisión y sofisticación cada vez mayores. Desde las capacidades básicas de reconocimiento del habla hasta la comprensión compleja del lenguaje natural, las tecnologías de PLN han revolucionado las interacciones entre los usuarios y los asistentes virtuales como Siri, Alexa y Google Assistant. Aprovechando los algoritmos de aprendizaje automático y las tecnologías de redes neuronales, estos asistentes virtuales pueden ahora interpretar y procesar órdenes complejas, dando lugar a experiencias de usuario más personalizadas e intuitivas. La evolución de la PNL ha desempeñado un papel fundamental en la mejora de la funcionalidad y eficacia generales de los asistentes virtuales, convirtiéndolos en herramientas indispensables en diversos sectores y en la vida cotidiana. A medida que avanzamos hacia la próxima frontera de la inteligencia artificial, los robots autónomos están a punto de convertirse en el próximo cambio de juego en la tecnología. Los robots autónomos, equipados con sensores avanzados, algoritmos de inteligencia artificial y capacidad para tomar decisiones, tienen el potencial de revolucionar sectores como el transporte, la fabricación, la sanidad y la agricultura. Estos robots pueden realizar tareas de forma autónoma sin intervención humana, mejorando la eficacia, la productividad y la seguridad en diversos ámbitos. El desarrollo de robots autónomos también plantea importantes retos tecnológicos y éticos, como garantizar la seguridad de las interacciones humanas, abordar las preocupaciones sobre el desplazamiento de puestos de trabajo y navegar por el panorama normativo que rodea a los sistemas autónomos. La integración de robots autónomos en diversos sectores ya ha allanado el camino para aplicaciones y capacidades transformadoras. Desde vehículos autónomos que navegan por las calles de las ciudades hasta robots de limpieza que mantienen la higiene en los hospitales, los robots autónomos están redefiniendo las posibilidades de la automatización y la robótica. Estas tecnologías tienen el potencial de agilizar las operaciones, reducir costes y mejorar la calidad de los servicios en diversos campos. La adopción generalizada de robots autónomos también plantea importantes cuestiones sobre las implicaciones éticas, el impacto social y los riesgos potenciales asociados a su despliegue. Mientras navegamos por el panorama en evolución de la inteligencia artificial y la robótica, es esencial considerar las dimensiones éticas y los marcos normativos que darán forma al futuro de los sistemas autónomos.

Definición e importancia

A medida que la inteligencia artificial sigue avanzando, la definición de robots autónomos adquiere cada vez más relevancia. Los robots autónomos pueden definirse como máquinas que pueden realizar tareas sin intervención humana, basándose en sensores, algoritmos y capacidades de toma de decisiones. Estos robots tienen la capacidad de adaptarse a nuevas situaciones, aprender de su entorno y tomar decisiones basadas en la información que recopilan. Su importancia radica en su potencial para revolucionar diversas industrias, desde la fabricación hasta la atención sanitaria, aumentando la eficacia, reduciendo los costes y mejorando la seguridad. La importancia de los robots autónomos puede verse en sus aplicaciones en el mundo real en distintos sectores. Los vehículos autónomos están transformando la industria del transporte al ofrecer modos de desplazamiento más seguros y eficientes. En el sector sanitario, los robots quirúrgicos están mejorando la precisión y reduciendo el riesgo de errores humanos durante las operaciones. En la agricultura, los robots autónomos están revolucionando las prácticas agrícolas al aumentar el rendimiento de las cosechas y reducir la necesidad de mano de obra. Estos ejemplos ponen de relieve el potencial de los robots autónomos para agilizar los procesos, aumentar la productividad y, en última instancia, mejorar la calidad de nuestras vidas. El desarrollo de robots autónomos también conlleva retos tecnológicos y éticos que deben abordarse. Los retos tecnológicos incluyen garantizar la fiabilidad y seguridad de estos robots, así como abordar cuestiones relacionadas con la conectividad y la seguridad de los datos. Las consideraciones éticas implican cuestiones relativas al impacto de los robots autónomos en el empleo, la responsabilidad por accidentes en los que intervengan sistemas autónomos y el posible uso indebido de las tecnologías de IA. A medida que navegamos en la evolución de la inteligencia artificial hacia los robots autónomos, es crucial considerar detenidamente estos retos y trabajar para crear un marco regulador que promueva la innovación y, al mismo tiempo, proteja de los riesgos potenciales.

Técnicas de PNL
Los avances en las técnicas de procesamiento del lenguaje natural han desempeñado un papel crucial en la mejora de las

capacidades de los asistentes virtuales, permitiéndoles entender y responder mejor al lenguaje humano. Los algoritmos de PLN han evolucionado significativamente, permitiendo a asistentes virtuales como Siri, Alexa y Google Assistant interpretar y procesar órdenes complejas con mayor precisión. Al integrar las tecnologías de aprendizaje automático y redes neuronales, estos asistentes virtuales pueden ahora ofrecer respuestas más personalizadas y contextualmente relevantes a las consultas de los usuarios. Como resultado, la integración de técnicas de PNL ha mejorado significativamente la experiencia general del usuario y la funcionalidad de los asistentes virtuales, haciéndolos más eficientes y eficaces a la hora de ayudar a los usuarios en diversas tareas. El desarrollo y el perfeccionamiento continuos de las técnicas de PNL han allanado el camino para la siguiente frontera de la inteligencia artificial: los robots autónomos. Estos robots avanzados están equipados con sofisticados algoritmos y sensores que les permiten realizar tareas de forma autónoma sin intervención humana. Los vehículos autónomos, los robots de limpieza y los robots del sector industrial son sólo algunos ejemplos de cómo las técnicas de PNL han sido decisivas para que los robots comprendan y respondan a su entorno en tiempo real. El desarrollo de robots autónomos también plantea retos tecnológicos y éticos, como garantizar la seguridad y protección de estas máquinas y abordar las preocupaciones sobre el posible desplazamiento de puestos de trabajo. La adopción generalizada de robots autónomos en diversos sectores, como la medicina, la logística, la agricultura y la seguridad, pone de relieve el impacto transformador de las técnicas de PNL en la eficiencia y la productividad de las empresas. Aunque el uso de robots autónomos ofrece numerosas ventajas, como una mayor velocidad y precisión en la realización de tareas, también suscita preocupación por los riesgos potenciales asociados a depender en gran medida de máquinas impulsadas por la IA. De cara al futuro de la inteligencia artificial, es esencial considerar las implicaciones éticas de la integración de las técnicas de PNL en los sistemas autónomos y lograr un equilibrio entre la innovación tecnológica y la responsabilidad social para garantizar que la IA siga beneficiando a toda la sociedad.

La PNL en la IA conversacional

Los avances en el procesamiento del lenguaje natural han sido fundamentales para dar forma a las capacidades de la IA conversacional. El PLN permite a los asistentes virtuales no sólo transcribir el habla en texto, sino también comprender el significado que hay detrás de las palabras, permitiendo interacciones más naturales entre humanos y máquinas. Mediante la integración de tecnologías de aprendizaje automático y redes neuronales, los asistentes virtuales se han vuelto más expertos en comprender el contexto, identificar el sentimiento y ofrecer respuestas pertinentes. Esta evolución de la PNL ha mejorado significativamente la experiencia del usuario, haciendo que las interacciones con los sistemas impulsados por la IA sean más intuitivas y fluidas. Con la progresión de la PNL, los asistentes virtuales han adquirido la capacidad de procesar órdenes complejas y seguir hilos conversacionales, imitando la fluidez de la comunicación humana. Al aprovechar algoritmos sofisticados y grandes conjuntos de datos, estos sistemas de IA pueden ofrecer recomendaciones personalizadas, responder a consultas con mayor precisión y anticiparse a las necesidades del usuario basándose en interacciones anteriores. El perfeccionamiento de la PNL ha allanado el camino para que los asistentes virtuales evolucionen más allá de simples interfaces de pregunta-respuesta y se conviertan en agentes conversacionales inteligentes capaces de entablar diálogos más sofisticados. Como resultado, la PNL ha sido un componente crucial para salvar la distancia entre los humanos y las máquinas, transformando la forma en que interactuamos con la tecnología en nuestra vida cotidiana. En el ámbito de la IA conversacional, los continuos avances de la PNL son la clave para abrir nuevas posibilidades a los robots autónomos. Dado que los robots autónomos dependen de una comunicación fluida para navegar por su entorno, comprender órdenes e interactuar con los humanos, la integración de capacidades avanzadas de PNL es vital para su desarrollo. Al mejorar las capacidades lingüísticas y cognitivas de los sistemas autónomos, la PNL desempeña un papel fundamental para que los robots puedan realizar tareas complejas de forma autónoma y colaborar eficazmente con los operadores humanos. La convergencia de la PNL con la robótica supone un importante salto adelante en la evolución de la inteligencia artificial, con potencial para revolucionar sectores que van desde la fabricación y la logística hasta la sanidad y los servicios.

VI. ROBÓTICA

Los avances tecnológicos en robótica han revolucionado diversas industrias, permitiendo el desarrollo de robots autónomos que pueden realizar tareas con una intervención humana mínima. Estos robots, equipados con sofisticados sensores y algoritmos, tienen la capacidad de percibir su entorno, tomar decisiones y ejecutar acciones sin la constante supervisión humana. Desde vehículos autónomos que navegan por las calles de las ciudades hasta robots en almacenes que optimizan las operaciones logísticas, las aplicaciones potenciales de los robots autónomos son vastas y siguen ampliándose. El desarrollo de robots autónomos también plantea retos importantes, como las consideraciones éticas relativas a los procesos de toma de decisiones y el posible desplazamiento de puestos de trabajo a medida que la automatización se generaliza en la mano de obra. Una de las características clave de los robots autónomos es su capacidad para funcionar de forma independiente, utilizando sensores y algoritmos de inteligencia artificial para interactuar con su entorno y realizar tareas sin control humano directo. Este nivel de autonomía abre nuevas posibilidades para mejorar la eficacia, la precisión y la seguridad en diversos campos. Los drones autónomos pueden utilizarse para realizar prospecciones aéreas en la agricultura, vigilar las poblaciones de animales salvajes o entregar mercancías en zonas remotas. En la fabricación, los robots equipados con inteligencia artificial pueden colaborar con los trabajadores humanos para optimizar los procesos de producción y aumentar la productividad general. A medida que estas tecnologías siguen evolucionando, es crucial abordar los problemas de seguridad y las implicaciones éticas para garantizar que los robots autónomos se desarrollen y desplieguen de forma responsable. La evolución de la inteligencia artificial desde los asistentes virtuales hasta los robots autónomos representa un hito importante en el campo de la robótica. La integración de tecnologías avanzadas como el aprendizaje automático, el procesamiento del lenguaje natural y la visión por ordenador ha permitido el desarrollo de robots que pueden funcionar de forma independiente y adaptarse a entornos cambiantes. Aunque los beneficios potenciales de los robots autónomos son sustanciales, es esencial abordar las consideraciones éticas, sociales y normativas para garantizar el uso responsable de estas tecnologías. A medida que los robots autónomos se van imponiendo en diversos sectores, es vital encontrar un equilibrio entre la innovación y las consideraciones éticas para aprovechar todo el potencial de la inteligencia artificial en beneficio de la sociedad.

Introducción a la robótica

A medida que la inteligencia artificial sigue avanzando, uno de los hitos clave de su evolución ha sido el desarrollo de la robótica. La robótica representa una convergencia de diversas tecnologías, como la IA, el aprendizaje automático y las tecnologías de sensores, para crear máquinas capaces de realizar tareas de forma autónoma. Estos robots están diseñados para emular las acciones e interacciones humanas, con el objetivo último de mejorar la eficacia y la productividad en diversas industrias. El campo de la robótica es amplio y abarca una gran variedad de aplicaciones, desde los robots industriales utilizados en los procesos de fabricación hasta los vehículos autónomos que navegan por nuestras carreteras. La transición de los asistentes virtuales a los robots autónomos representa un cambio significativo en el papel de la IA en nuestra vida cotidiana. Los asistentes virtuales, como Siri, Alexa y Google Assistant, se han hecho omnipresentes, proporcionando a los usuarios una forma cómoda de acceder a la información y realizar diversas tareas mediante comandos de voz. Estas primeras aplicaciones de IA sentaron las bases de sistemas más avanzados capaces de comprender el lenguaje natural y conocer el contexto. A medida que avanza la tecnología, estamos asistiendo a la aparición de robots autónomos que pueden operar de forma independiente en entornos dinámicos, tomando decisiones y adaptándose a circunstancias cambiantes en tiempo real. El desarrollo de robots autónomos plantea importantes consideraciones éticas y sociales. A medida que estas máquinas se vuelven más sofisticadas y se integran en nuestra vida cotidiana, surgen preguntas sobre el impacto en el empleo, la seguridad y la privacidad. Garantizar que los robots autónomos se diseñen y utilicen de forma ética y responsable es crucial para aprovechar sus beneficios potenciales al tiempo que se mitigan los posibles riesgos. Mientras navegamos por este panorama en rápida evolución de la inteligencia artificial y la robótica, es imperativo encontrar un equilibrio entre la innovación tecnológica y las consideraciones éticas para garantizar que estos avances beneficien a la sociedad en su conjunto.

Tipos de robots

El desarrollo de robots autónomos representa la próxima frontera de la inteligencia artificial, y permite vislumbrar un futuro en el que las máquinas puedan funcionar de forma independiente sin intervención humana. Estos robots están equipados con sensores avanzados, algoritmos y capacidades de toma de decisiones que les permiten navegar e interactuar con su entorno de forma autónoma. Algunos ejemplos de robots autónomos actuales son los coches autoconducidos, los robots de limpieza y los robots industriales que pueden realizar tareas complejas con precisión. El desarrollo de robots autónomos también plantea importantes retos tecnológicos y éticos, como la preocupación por la seguridad, la privacidad y el posible impacto en el futuro del trabajo. Los casos de uso y las aplicaciones en el mundo real de los robots autónomos abarcan varios sectores, revolucionando industrias como la medicina, la logística, la agricultura y la seguridad. En medicina, los robots autónomos pueden ayudar en cirugías, suministrar medicamentos y prestar apoyo a los profesionales sanitarios. En logística, estos robots pueden optimizar las operaciones de la cadena de suministro, la gestión de almacenes y la entrega en la última milla. Aunque la adopción de robots autónomos promete una mayor eficiencia y productividad, también suscita preocupación por el desplazamiento de puestos de trabajo, las implicaciones éticas y la necesidad de normativas que garanticen un uso responsable de las tecnologías de IA. A medida que se desarrolla la evolución de la inteligencia artificial, el futuro de los robots autónomos es muy prometedor para la sociedad. Las tendencias emergentes en IA y robótica apuntan hacia nuevos avances en la autonomía, adaptabilidad e inteligencia de las máquinas. Estos avances también exigen una cuidadosa reflexión sobre los dilemas éticos y las implicaciones sociales de la integración de los robots autónomos en nuestra vida cotidiana. Equilibrar la innovación tecnológica con las consideraciones éticas será crucial para configurar un futuro en el que la IA beneficie a la humanidad, al tiempo que se abordan los retos que plantea la proliferación de robots autónomos.

Integración de la IA en la Robótica

En el ámbito de la robótica, la integración de la inteligencia artificial ha marcado un hito importante, allanando el camino para el desarrollo de robots autónomos. Estos robots, equipados con capacidades avanzadas de IA, son capaces de tomar decisiones independientes y ejecutar tareas sin intervención humana. La integración de la IA en la robótica ha ampliado los horizontes de lo que pueden lograr los robots, mejorando su capacidad de adaptación y de resolución de problemas. Aprovechando los algoritmos de IA y las técnicas de aprendizaje automático, los robots autónomos pueden navegar por entornos complejos, aprender de la experiencia e interactuar con su entorno de forma más sofisticada. Un aspecto clave de la integración de la IA en la robótica es el desarrollo de vehículos autónomos, que tienen el potencial de revolucionar los sistemas de transporte y mejorar la seguridad vial. Estos vehículos utilizan tecnologías de IA como la visión por ordenador, la fusión de sensores y el aprendizaje profundo para percibir su entorno, planificar sus rutas y tomar decisiones en tiempo real mientras están en la carretera. La llegada de los vehículos autónomos representa una nueva era en la movilidad, con implicaciones para la planificación urbana, la sostenibilidad y la industria automovilística en su conjunto. A medida que estas tecnologías maduran, la perspectiva de que vehículos totalmente autónomos circulen por las calles de las ciudades junto a conductores humanos es cada vez más tangible. La integración de la IA en la robótica se extiende más allá de los vehículos autónomos a otros ámbitos, como la sanidad, la fabricación y la agricultura. En el campo médico, los robots dotados de IA pueden ayudar a los cirujanos durante procedimientos complejos, analizar imágenes médicas con gran precisión y prestar apoyo en la atención al paciente. En la fabricación, los robots colaborativos equipados con capacidades de IA pueden trabajar junto a operarios humanos, mejorando la productividad y la eficiencia en la fábrica. En la agricultura, los drones y robots autónomos pueden optimizar la gestión de los cultivos, controlar las condiciones del suelo y mejorar el rendimiento. La adopción generalizada de robots con IA en estos sectores está reconfigurando los flujos de trabajo tradicionales, aumentando la eficiencia operativa y abriendo nuevas oportunidades de innovación.

VII. ÉTICA EN EL DESARROLLO DE LA IA

La ética en el desarrollo de la IA es un aspecto crucial que debe considerarse cuidadosamente a medida que la tecnología sigue avanzando. Una de las principales preocupaciones éticas en el desarrollo de la IA es la cuestión de la parcialidad. Los sistemas de IA se entrenan con grandes cantidades de datos, y si estos datos son sesgados o defectuosos, pueden dar lugar a resultados sesgados. Se ha descubierto que el software de reconocimiento facial tiene tasas de error más elevadas para las personas de color, lo que pone de relieve el sesgo que existe en estos sistemas. Los ingenieros y desarrolladores deben ser conscientes de estos prejuicios y trabajar para crear tecnologías de IA más inclusivas y equitativas. Otra consideración ética en el desarrollo de la IA es el impacto potencial sobre la privacidad y la seguridad de los datos. Como los sistemas de IA recogen y procesan cantidades ingentes de datos personales, existe el riesgo de que esta información se utilice indebidamente o se vea comprometida. Es esencial que los desarrolladores apliquen medidas de seguridad sólidas y protocolos de protección de datos para salvaguardar la información de los usuarios. Es necesario que haya transparencia en la forma en que los sistemas de IA funcionan y toman decisiones, para garantizar que los usuarios comprendan cómo se utilizan sus datos y tengan control sobre su información. Las implicaciones éticas de los robots autónomos plantean cuestiones sobre la responsabilidad y la toma de decisiones. A medida que estos robots se vuelven más autónomos e independientes en sus acciones, la responsabilidad por cualquier error o daño causado por los robots se vuelve poco clara. Establecer directrices y normativas claras para el desarrollo y despliegue de robots autónomos es crucial para garantizar el cumplimiento de las normas éticas. Incorporar principios éticos como la transparencia, la imparcialidad y la responsabilidad en el diseño y la programación de estos robots es esencial para mitigar los posibles riesgos éticos. Las consideraciones éticas en el desarrollo de la IA deben manejarse con cuidado para garantizar que la tecnología sirva al bien común y respete las normas éticas.

Importancia de las consideraciones éticas

A medida que la tecnología sigue avanzando a un ritmo vertiginoso, no se puede exagerar la importancia de las consideraciones éticas en el desarrollo y la aplicación de la inteligencia artificial. Con la transición de los asistentes virtuales a los robots autónomos, las implicaciones éticas se hacen aún más complejas y significativas. Es crucial que los diseñadores, ingenieros y responsables políticos consideren cuidadosamente las implicaciones éticas de la IA, garantizando que estas tecnologías se utilicen de forma que respeten los derechos humanos, promuevan la equidad y den prioridad al bienestar de la sociedad. Las consideraciones éticas desempeñan un papel fundamental a la hora de garantizar que la IA se desarrolle y despliegue de forma responsable, protegiendo a las personas y a las comunidades de posibles daños y usos indebidos. Una de las razones clave por las que las consideraciones éticas son esenciales en la evolución de la IA es el impacto potencial sobre el desplazamiento de puestos de trabajo y la desigualdad económica. A medida que los robots autónomos se van imponiendo en diversas industrias, crece la preocupación por el desplazamiento de trabajadores humanos y el aumento de la brecha entre los ricos y los menos afortunados. Los marcos éticos pueden ayudar a orientar los procesos de toma de decisiones para garantizar que los beneficios de la IA se distribuyan equitativamente y que se adopten medidas para apoyar a los afectados por las perturbaciones tecnológicas. Al abordar estos retos éticos de forma proactiva, la sociedad puede trabajar para crear un futuro más inclusivo y sostenible en el que la IA mejore las capacidades humanas en lugar de sustituirlas. Las consideraciones éticas también desempeñan un papel fundamental en la salvaguarda de la privacidad, la seguridad de los datos y la protección de las poblaciones vulnerables. A medida que los robots autónomos recopilan y procesan grandes cantidades de datos, aumenta el riesgo de violación de la intimidad y de uso indebido de la información personal. Las directrices éticas pueden ayudar a establecer límites y normas claras para el tratamiento de los datos, garantizando que las personas tengan control sobre sus datos y que el uso de los mismos se realice de forma transparente y responsable. Las consideraciones éticas pueden ayudar a mitigar los riesgos potenciales asociados con la parcialidad, la discriminación y las consecuencias no deseadas en los sistemas de IA, fomentando la confianza y la responsabilidad en el diseño y despliegue de estas tecnologías. Integrar los principios éticos en el desarrollo de la IA es esencial para crear un futuro en el que la tecnología sirva al bien común y defienda los valores de la justicia, la equidad y la dignidad humana.

Cuestiones éticas en la IA

A medida que la inteligencia artificial sigue avanzando, las cuestiones éticas que rodean su desarrollo y despliegue se han hecho más acuciantes. Una preocupación ética clave en la IA es el potencial de los algoritmos sesgados, que pueden perpetuar la discriminación y la desigualdad. Este sesgo puede estar incrustado involuntariamente en los datos utilizados para entrenar los sistemas de IA, lo que conduce a resultados sesgados en los procesos de toma de decisiones. En los algoritmos de contratación, los sesgos en los datos de entrenamiento pueden dar lugar a prácticas de contratación discriminatorias que perjudiquen a determinados grupos. Abordar estos sesgos requiere una cuidadosa supervisión y control de los sistemas de IA para garantizar la justicia y la equidad en sus operaciones. Otro problema ético de la IA es la cuestión de la privacidad y la seguridad de los datos. Los sistemas de IA a menudo dependen de grandes cantidades de datos personales para funcionar eficazmente, lo que suscita preocupación sobre cómo se recopilan, almacenan y utilizan estos datos. El acceso no autorizado a información personal sensible puede dar lugar a violaciones de la intimidad y posibles daños a las personas. El uso de la IA en actividades de vigilancia y control puede vulnerar el derecho a la intimidad de las personas y suscitar preocupación por la vigilancia masiva. Lograr un equilibrio entre los beneficios de la innovación de la IA y la protección de los derechos individuales a la intimidad es crucial para garantizar el desarrollo y el despliegue éticos de las tecnologías de IA. La preocupación por el impacto de la IA en el empleo y la economía también ha pasado al primer plano de los debates éticos. La automatización de puestos de trabajo por los sistemas de IA puede provocar un desempleo generalizado y trastornos económicos, sobre todo en sectores que dependen en gran medida del trabajo manual. Esto plantea cuestiones sobre la responsabilidad de las empresas y los gobiernos para mitigar los efectos negativos de la automatización sobre los trabajadores mediante programas de reciclaje y redes de seguridad social. También deben tenerse en cuenta consideraciones éticas a la hora de desarrollar tecnologías de IA que tengan el potencial de remodelar el mercado laboral y perturbar las estructuras económicas tradicionales. Navegar por estos retos éticos de la IA requiere un enfoque global y transparente que dé prioridad al bienestar y los derechos de las personas frente a los avances tecnológicos.

Marcos normativos

Con el rápido avance de las tecnologías de inteligencia artificial, los marcos normativos se han vuelto esenciales para garantizar su desarrollo y despliegue responsables. Estos marcos sirven como directrices que rigen el uso de los sistemas de IA, cubriendo aspectos como la privacidad de los datos, la transparencia algorítmica, la responsabilidad y la seguridad. A medida que las aplicaciones de la IA se extienden a diversos ámbitos, desde la sanidad a las finanzas, los organismos reguladores de todo el mundo se enfrentan al reto de seguir el ritmo de la evolución del panorama tecnológico, salvaguardando al mismo tiempo los derechos e intereses de las personas y de la sociedad en su conjunto. Un aspecto clave de los marcos reguladores de la IA es el establecimiento de directrices éticas que rijan el diseño y la implantación de sistemas inteligentes. Las consideraciones éticas desempeñan un papel crucial a la hora de garantizar que las tecnologías de IA se desarrollen de forma que defiendan los valores y principios humanos fundamentales. Cuestiones como la transparencia, la imparcialidad, la responsabilidad y la mitigación de los prejuicios son fundamentales para el marco ético de la IA. Al integrar los principios éticos en las directrices reguladoras, los responsables políticos pueden promover el desarrollo responsable de la IA y abordar las preocupaciones relacionadas con los riesgos potenciales y el impacto de los sistemas inteligentes en las personas y la sociedad. Además de las consideraciones éticas, los marcos normativos para la IA también se centran en abordar los retos legales y de cumplimiento asociados al uso de sistemas inteligentes. Desde normativas de protección de datos como el Reglamento General de Protección de Datos (RGPD) hasta directrices específicas sobre el despliegue de la IA en sectores sensibles como la sanidad y las finanzas, los organismos reguladores están trabajando para establecer reglas y normas claras para las aplicaciones de la IA. Mediante la creación de un entorno normativo coherente, los responsables políticos pretenden facilitar la integración de las tecnologías de IA en los marcos jurídicos existentes, minimizando al mismo tiempo los riesgos potenciales y garantizando la rendición de cuentas por las decisiones y acciones impulsadas por la IA.

VIII. RETOS EN EL AVANCE DE LA IA

A medida que la inteligencia artificial sigue avanzando, hay varios retos a los que se enfrentan los investigadores y desarrolladores a la hora de ampliar los límites de esta tecnología. Uno de los principales retos reside en las implicaciones éticas de la IA, sobre todo en el ámbito de los robots autónomos. A medida que estos robots se hacen cada vez más autónomos y capaces de tomar decisiones sin intervención humana, surgen preguntas sobre los principios éticos que deben guiar su comportamiento. Cuestiones como la responsabilidad, la transparencia y la parcialidad de los algoritmos de IA deben considerarse detenidamente para garantizar que los robots autónomos funcionen de forma acorde con los valores y las normas sociales. Otro reto importante en el avance de la IA es la necesidad de datos sólidos y fiables. Los sistemas de IA dependen en gran medida de grandes cantidades de datos para aprender y tomar decisiones. Garantizar la calidad, precisión e imparcialidad de los datos utilizados para entrenar estos sistemas puede ser una tarea compleja. Los sesgos en los conjuntos de datos pueden dar lugar a resultados sesgados y obstaculizar la eficacia de las aplicaciones de IA. Los investigadores deben afrontar estos retos aplicando procedimientos rigurosos de recogida y procesamiento de datos para minimizar los sesgos y garantizar que los sistemas de IA produzcan resultados justos e imparciales. El rápido ritmo de la innovación tecnológica plantea el reto de mantener los sistemas de IA actualizados y seguros. A medida que evolucionan las tecnologías de IA, mantener la seguridad y la integridad de los sistemas de IA resulta cada vez más crucial. Las vulnerabilidades de los sistemas de IA pueden ser explotadas por agentes malintencionados, lo que puede provocar daños e interrupciones. Esto requiere una supervisión, actualización y prueba continuas de los sistemas de IA para garantizar que siguen siendo resistentes a las ciberamenazas. Superar estos retos será esencial para hacer avanzar la tecnología de IA de forma responsable y sostenible en el futuro.

Limitaciones de los actuales sistemas de IA

Los rápidos avances de la inteligencia artificial han revolucionado sin duda diversos aspectos de nuestras vidas. Es esencial reconocer las limitaciones de los actuales sistemas de IA para comprender dónde se necesitan nuevas mejoras. Una limitación importante es la falta de razonamiento de sentido común, que puede llevar a los sistemas de IA a tomar decisiones irracionales o erróneas cuando se enfrentan a situaciones desconocidas. Aunque la IA ha destacado en tareas específicas que implican el reconocimiento de patrones y el procesamiento de datos, su capacidad para manejar razonamientos complejos y conceptos abstractos sigue estando por debajo de la inteligencia humana. Esta limitación plantea retos en aplicaciones que requieren una comprensión matizada o la resolución creativa de problemas. Otra limitación de los sistemas actuales de IA es su susceptibilidad a los prejuicios y la discriminación. Los algoritmos de IA se entrenan con datos históricos, que pueden contener información sesgada que refleje prejuicios sociales. Como resultado, los sistemas de IA pueden perpetuar e incluso exacerbar los prejuicios existentes a la hora de tomar decisiones, sobre todo en ámbitos delicados como las prácticas de contratación o la justicia penal. Para abordar este problema, los investigadores están explorando formas de mitigar los prejuicios en los algoritmos de IA, por ejemplo mediante el preprocesamiento de datos y la transparencia algorítmica. Éste sigue siendo un reto clave que debe abordarse para garantizar aplicaciones de IA justas y éticas. La falta de explicabilidad y transparencia en los procesos de toma de decisiones de la IA supone una limitación importante. Los complejos algoritmos de aprendizaje profundo, por ejemplo, funcionan como cajas negras, lo que dificulta comprender cómo y por qué se ha tomado una decisión concreta. En aplicaciones críticas como la asistencia sanitaria o los vehículos autónomos, donde están en juego vidas humanas, la incapacidad de interpretar las decisiones de IA puede obstaculizar la confianza y la adopción. A medida que los sistemas de IA se hacen más frecuentes en la sociedad, crece la necesidad de una IA explicable que pueda proporcionar información sobre el proceso de toma de decisiones, aumentando la transparencia y fomentando la confianza entre los usuarios y las partes interesadas.

Prejuicios e imparcialidad en la IA

Los avances en inteligencia artificial han aportado multitud de beneficios en diversos aspectos de la vida humana, desde asistentes virtuales hasta robots autónomos. Estos avances tecnológicos van acompañados de sesgos inherentes que pueden afectar a la imparcialidad y la ética de los sistemas de IA. El sesgo en la IA puede proceder de diversas fuentes, como los métodos de recopilación de datos, el diseño algorítmico y la falta de diversidad en los equipos que desarrollan estos sistemas. Los datos sesgados utilizados para entrenar modelos de

IA pueden dar lugar a resultados discriminatorios, como sistemas de reconocimiento facial menos precisos para determinados grupos demográficos. A medida que la IA sigue impregnando diferentes industrias y aspectos de la sociedad, abordar el sesgo se convierte en algo primordial para garantizar la justicia y la equidad en el despliegue de estas tecnologías. Los esfuerzos para mitigar los prejuicios en los sistemas de IA incluyen el desarrollo de algoritmos que tengan en cuenta la imparcialidad, con el fin de reducir la discriminación y promover la transparencia en los procesos de toma de decisiones. Al incorporar métricas de imparcialidad en el diseño y la evaluación de los modelos de IA, los investigadores e ingenieros pueden identificar y rectificar los sesgos antes de desplegar estos sistemas en aplicaciones del mundo real. Fomentar la diversidad y la inclusión en los equipos de IA puede ayudar a mitigar los prejuicios inconscientes y promover el desarrollo de tecnologías imparciales y equitativas. Los esfuerzos de colaboración entre la industria, el mundo académico y los responsables políticos son esenciales para establecer directrices y normativas que garanticen el despliegue ético y justo de los sistemas de IA. Aunque la parcialidad en la IA sigue siendo un reto importante, abordar estas cuestiones es crucial para garantizar que las tecnologías de IA beneficien a la sociedad en su conjunto. Las consideraciones éticas deben integrarse en el diseño y la implementación de los sistemas de IA para defender los principios de imparcialidad, transparencia y responsabilidad. Fomentando una cultura de desarrollo ético de la IA y de innovación responsable, podemos aprovechar el potencial transformador de la inteligencia artificial y, al mismo tiempo, mitigar los riesgos asociados a la parcialidad y la discriminación. A medida que continúa la evolución de la IA, es imperativo dar prioridad a la justicia y la equidad para construir un futuro en el que la tecnología esté al servicio del bien colectivo.

Cuestiones de seguridad y privacidad

A medida que la inteligencia artificial sigue avanzando, las preocupaciones por la seguridad y la privacidad son cada vez más frecuentes. La integración de la IA en diversos aspectos de nuestras vidas, desde asistentes virtuales a robots autónomos, plantea cuestiones sobre la protección de datos sensibles y el potencial de uso indebido. Una cuestión importante es la vulnerabilidad de los sistemas de IA a los ciberataques, que podrían comprometer la información personal o incluso dar lugar a actividades maliciosas. A medida que estas tecnologías se vuelven más sofisticadas, la necesidad de medidas sólidas de ciberseguridad se vuelve primordial para protegerse de las posibles amenazas y garantizar la integridad de los sistemas de IA. La recogida y almacenamiento de cantidades masivas de datos por los sistemas de IA también plantea problemas de privacidad. Los asistentes virtuales, por ejemplo, a menudo necesitan acceder a información personal para proporcionar respuestas y servicios personalizados. Esta recopilación de datos plantea cuestiones sobre el grado de violación de la privacidad de las personas y la posibilidad de acceso no autorizado a datos sensibles. Lograr un equilibrio entre las ventajas de los servicios impulsados por la IA y la protección de la intimidad del usuario es crucial para mantener la confianza en estas tecnologías y garantizar prácticas éticas en su desarrollo y aplicación. El despliegue de robots autónomos en diversas industrias introduce nuevos retos en términos de seguridad y privacidad. Estos robots, equipados con sensores avanzados y capacidades de IA, tienen el potencial de recopilar y analizar grandes cantidades de datos en tiempo real. Aunque estos datos pueden utilizarse para mejorar la eficacia y la toma de decisiones, también suscitan preocupación sobre quién tiene acceso a esta información y cómo se utiliza. La normativa y las directrices sobre protección de datos y privacidad deben evolucionar paralelamente al desarrollo de los robots autónomos para abordar estas cuestiones y garantizar que se aprovechan las ventajas de la tecnología de IA sin comprometer la seguridad y la privacidad.

IX. FUTURO DE LA IA

El rápido avance de la inteligencia artificial en los últimos años ha suscitado numerosos debates sobre el futuro de esta tecnología transformadora. Un avance significativo que ha captado la imaginación tanto de los investigadores como del público es la evolución de los asistentes virtuales a los robots autónomos. Los asistentes virtuales, como Siri, Alexa y Google Assistant, han sido fundamentales para familiarizar a la sociedad con la tecnología de IA, proporcionando asistencia personalizada y realizando una serie de tareas. Estos asistentes virtuales han demostrado el potencial de la IA para mejorar la vida cotidiana y agilizar los procesos en diversos sectores, sentando las bases para aplicaciones más sofisticadas. A medida que la tecnología sigue avanzando, la atención se ha desplazado hacia la consecución de la comprensión del lenguaje natural en los sistemas de IA. Este avance implica mejorar la capacidad de los asistentes virtuales para comprender y responder a órdenes complejas, haciéndolos más intuitivos y fáciles de usar. La integración de las tecnologías de aprendizaje automático y redes neuronales ha desempeñado un papel crucial en la mejora de la precisión y eficacia de los asistentes virtuales, allanando el camino para aplicaciones más sofisticadas en el futuro. Al dominar la comprensión del lenguaje natural, los sistemas de IA son cada vez más expertos en interpretar el lenguaje humano y realizar tareas con mayor precisión y sofisticación. De cara al futuro, la llegada de los robots autónomos representa la próxima frontera en el desarrollo de la IA. Estos robots, dotados de la capacidad de funcionar de forma independiente y tomar decisiones en función de su entorno, encierran un inmenso potencial para revolucionar diversas industrias. Desde los vehículos autónomos hasta los robots de limpieza y la automatización industrial, estas máquinas están llamadas a trastocar los paradigmas tradicionales y remodelar la forma de realizar las tareas. El desarrollo de robots autónomos también plantea importantes retos tecnológicos y éticos que deben abordarse para garantizar su integración segura y responsable en la sociedad. A medida que la tecnología de IA sigue evolucionando, es esencial considerar las implicaciones de estos avances en las normas éticas, los marcos normativos y el bienestar de la sociedad.

Tendencias emergentes en IA
Los avances en inteligencia artificial han allanado el camino a tendencias emergentes que están remodelando el panorama tecnológico. Una de esas tendencias es el paso de los asistentes virtuales a los robots autónomos, que marca una evolución significativa en las capacidades de los sistemas de IA. Los asistentes virtuales, como Siri, Alexa y Google Assistant, fueron de las primeras aplicaciones de la inteligencia artificial en la vida cotidiana. Estos sistemas se centraron inicialmente en tareas básicas como recuperar información o establecer recordatorios, pero desde entonces han avanzado hasta comprender y responder a órdenes complejas, gracias a las mejoras en el procesamiento del lenguaje natural y a la integración de tecnologías de aprendizaje automático. A medida que la tecnología sigue avanzando, la atención se ha desplazado hacia los robots autónomos como próxima frontera de la inteligencia artificial. Estos robots son capaces de funcionar de forma independiente, tomando decisiones basadas en su entorno y sus tareas. Algunos ejemplos actuales son los vehículos autónomos, los robots

de limpieza y los robots utilizados en entornos industriales. El desarrollo de robots autónomos plantea retos tecnológicos y éticos, ya que su adopción generalizada suscita inquietudes sobre cuestiones de seguridad, desplazamiento de puestos de trabajo y privacidad. Comprender estos retos es crucial para garantizar que los robots autónomos se integren de forma responsable en la sociedad. Los casos de uso y las aplicaciones en el mundo real de los robots autónomos abarcan diversos sectores, como la medicina, la logística, la agricultura y la seguridad. Estos robots tienen el potencial de revolucionar las operaciones empresariales, aumentando la eficacia y la productividad. Aunque los beneficios son abundantes, no pueden pasarse por alto los riesgos asociados a la adopción generalizada de robots autónomos. A medida que la IA y la robótica siguen dando forma al futuro, es esencial considerar las implicaciones de estas tecnologías en la sociedad en general. Manteniéndonos informados sobre las tendencias emergentes y participando activamente en los debates sobre consideraciones éticas, podemos navegar eficazmente por el panorama en evolución de la inteligencia artificial.

Impacto potencial en la sociedad

Los avances en inteligencia artificial pueden tener un impacto significativo en la sociedad de varias maneras. Un ámbito importante en el que este impacto ya es evidente es el de los asistentes virtuales. Estas herramientas potenciadas por la IA, como Siri, Alexa y Google Assistant, se han convertido en parte integrante de la vida cotidiana de muchas personas. Han transformado la forma en que interactuamos con la tecnología, permitiéndonos completar tareas, encontrar información y controlar nuestros dispositivos mediante sencillos comandos de voz. Los asistentes virtuales también han tenido un impacto significativo en varios sectores, desde la atención al cliente hasta la sanidad, al mejorar la eficiencia y agilizar los procesos. A medida que la tecnología sigue avanzando, asistimos a un cambio hacia formas más avanzadas de IA, como los robots autónomos. Estos dispositivos son capaces de realizar tareas y tomar decisiones sin intervención humana, abriendo nuevas posibilidades en campos como el transporte, la fabricación y la atención sanitaria. El despliegue de robots autónomos, como vehículos autónomos y robots de limpieza, tiene el potencial de revolucionar las industrias y mejorar la productividad. El desarrollo de estos robots también plantea importantes cuestiones y retos éticos, como la preocupación por el desplazamiento de puestos de trabajo y el posible uso indebido de la tecnología de IA. De cara al futuro, la adopción generalizada de robots autónomos y otras aplicaciones de la IA tendrá implicaciones de gran alcance para la sociedad. Por un lado, estas tecnologías tienen el potencial de aportar beneficios significativos, como una mayor eficiencia, una seguridad mejorada y una mayor calidad de vida. Por otro lado, existen riesgos que hay que tener en cuenta, como la posibilidad de que la IA sea parcial en la toma de decisiones y la preocupación por la privacidad de los datos. Mientras navegamos por el panorama en evolución de la inteligencia artificial, es crucial encontrar un equilibrio entre la innovación tecnológica y las consideraciones éticas para garantizar que estos avances sirvan al bien mayor y beneficien a la sociedad en su conjunto.

Implicaciones éticas y normativas

A medida que la inteligencia artificial avanza desde los asistentes virtuales hasta los robots autónomos, pasan a primer plano un sinfín de implicaciones éticas y normativas. La creciente autonomía y capacidad de toma de decisiones de los sistemas de IA suscitan inquietudes sobre la responsabilidad en caso de errores o accidentes. El posible desplazamiento de trabajadores humanos por robots autónomos en varias industrias exige una reevaluación de las leyes laborales y las redes de seguridad social para garantizar una transición sin problemas a una mano de obra automatizada. Estos dilemas éticos ponen de manifiesto la necesidad de directrices y normativas claras que rijan el desarrollo y la implantación de las tecnologías de IA, equilibrando la innovación con las consideraciones éticas. La cuestión de la parcialidad y la imparcialidad en los algoritmos de IA plantea un importante reto ético en la evolución hacia los robots autónomos. La investigación ha demostrado que los sistemas de IA pueden heredar y perpetuar los sesgos humanos presentes en los datos con los que se entrenan, lo que conduce a resultados discriminatorios en los procesos de toma de decisiones. Abordar estos sesgos requiere una combinación de soluciones técnicas, como la transparencia algorítmica y los mecanismos de rendición de cuentas, así como marcos éticos que promuevan la diversidad y la inclusión en el desarrollo de la IA. Los organismos reguladores deben desempeñar un papel crucial a la hora de garantizar que los sistemas de IA se desarrollen de forma transparente y responsable para mitigar los riesgos de sesgo y discriminación. La evolución de la IA, desde los asistentes virtuales hasta los robots autónomos, subraya la urgente necesidad de marcos éticos y normativas sólidos que guíen el despliegue responsable de las tecnologías de IA. A medida que la IA sigue impregnando diversos sectores de la sociedad, desde la sanidad al transporte, los responsables políticos deben colaborar con las partes interesadas de la industria y los especialistas en ética para anticipar y abordar los retos éticos y normativos que surjan. Fomentando una cultura de innovación ética y dando prioridad a los valores humanos en el desarrollo de los sistemas de IA, podemos aprovechar el potencial transformador de la IA, salvaguardando al mismo tiempo el bienestar de las personas y de la sociedad en general.

X. LA COMPUTACIÓN CUÁNTICA EN LA IA

Los recientes avances en computación cuántica han despertado un gran interés en el campo de la inteligencia artificial. La computación cuántica tiene el potencial de revolucionar la IA al aumentar exponencialmente la potencia de cálculo y permitir realizar cálculos más complejos en una fracción del tiempo en comparación con los ordenadores clásicos. Esta mejora significativa de las capacidades de procesamiento podría dar lugar a grandes avances en diversas aplicaciones de la IA, desde el procesamiento del lenguaje natural hasta los algoritmos de aprendizaje automático. La computación cuántica podría permitir a los sistemas de IA abordar problemas que actualmente se consideran demasiado complejos o lentos, abriendo nuevas posibilidades de innovación y avance tecnológico en este campo. A medida que la informática cuántica sigue evolucionando, los investigadores están explorando formas de integrar los principios cuánticos en los sistemas de IA para mejorar su rendimiento y capacidades. Se han desarrollado algoritmos de IA cuántica para aprovechar las propiedades únicas de la computación cuántica, como la superposición y el entrelazamiento, para optimizar los procesos de resolución de problemas y toma de decisiones. Aprovechando el poder de la mecánica cuántica, los sistemas de IA podrían alcanzar niveles de eficacia y precisión sin precedentes, allanando el camino para avances revolucionarios en robots autónomos, diagnóstico médico, modelización financiera y otros dominios críticos. La sinergia entre la computación cuántica y la IA es inmensamente prometedora para resolver algunos de los problemas más desafiantes a los que se enfrenta la humanidad, impulsándonos hacia una nueva era de innovación y descubrimiento. A pesar de los beneficios potenciales de la computación cuántica en la IA, existen importantes retos que deben abordarse para aprovechar plenamente su potencial. La integración de los principios cuánticos en los sistemas de IA requiere conocimientos y recursos especializados, lo que la convierte en una empresa compleja y técnicamente exigente. La delicada naturaleza de la información cuántica requiere sólidos mecanismos de corrección de errores para mitigar el impacto del ruido y la decoherencia en los cálculos. Las consideraciones éticas en torno al uso de la IA cuántica también plantean cuestiones importantes sobre la privacidad, la seguridad y el desarrollo responsable de la tecnología. A medida que convergen la computación cuántica y la IA, es esencial que los investigadores, los responsables políticos y los líderes del sector colaboren eficazmente para superar estos retos y liberar el poder transformador de la IA cuántica en beneficio de la sociedad.

Introducción a la Informática Cuántica

El concepto de informática cuántica representa un importante salto adelante en el campo de la inteligencia artificial, ya que promete una potencia de cálculo sin precedentes y la capacidad de resolver problemas complejos a un ritmo exponencialmente más rápido que los ordenadores tradicionales. A diferencia de los ordenadores clásicos, que se basan en bits para procesar la información, los ordenadores cuánticos utilizan bits cuánticos, o qubits, que pueden existir en múltiples estados simultáneamente debido a los principios de superposición y entrelazamiento. Esto permite a los ordenadores cuánticos realizar cálculos en paralelo, lo que los hace idóneos para tareas como la optimización, la criptografía y las simulaciones, que están más allá de las capacidades de los ordenadores clásicos. Las aplicaciones potenciales de la informática cuántica van más allá de las tareas computacionales tradicionales, ofreciendo oportunidades para revolucionar campos como el aprendizaje automático, el descubrimiento de fármacos y la ciencia de los materiales. Los algoritmos cuánticos tienen la capacidad de procesar y analizar grandes cantidades de datos de forma más eficiente, lo que conduce a predicciones más rápidas y precisas en diversos dominios. Los modelos de aprendizaje automático cuántico pueden aprovechar el poder del entrelazamiento cuántico para mejorar el reconocimiento de patrones y los procesos de toma de decisiones, allanando el camino a sistemas de IA más avanzados con mayores capacidades e inteligencia. El desarrollo de la computación cuántica plantea nuevos retos y oportunidades tanto a los investigadores como a los responsables políticos. A medida que la tecnología cuántica sigue evolucionando, es esencial abordar las cuestiones relacionadas con la seguridad de los datos, la optimización de los algoritmos y las consideraciones éticas. Garantizar el despliegue responsable y ético de las tecnologías de computación cuántica será crucial para aprovechar todo su potencial al tiempo que se mitigan los riesgos potenciales. Explorando los principios de la computación cuántica y sus implicaciones para la inteligencia artificial, podemos obtener valiosas perspectivas sobre el futuro de la tecnología y su impacto transformador en la sociedad.

Algoritmos de aprendizaje automático cuántico

Los algoritmos de aprendizaje automático cuántico representan un enfoque de vanguardia que aprovecha los principios de la mecánica cuántica para mejorar las técnicas tradicionales de aprendizaje automático. Al aprovechar el poder de la computación cuántica, estos algoritmos tienen el potencial de revolucionar el campo de la inteligencia artificial aumentando exponencialmente la velocidad y la eficiencia computacionales. Los algoritmos cuánticos, como la máquina cuántica de vectores de soporte y las redes neuronales cuánticas, son prometedores para resolver problemas complejos de optimización y realizar tareas de reconocimiento de patrones a una escala que actualmente es inalcanzable con los sistemas informáticos clásicos. Este avance abre nuevas fronteras en la investigación de la IA, permitiendo el desarrollo de modelos más sofisticados capaces de manejar grandes cantidades de datos con una precisión y exactitud inigualables. Una de las principales ventajas de los algoritmos cuánticos de aprendizaje automático reside en su capacidad para procesar y analizar conjuntos de datos masivos en paralelo, lo que conduce a mejoras significativas en los tiempos de entrenamiento y en la precisión de las predicciones. Al explotar la superposición y el entrelazamiento cuánticos, estos algoritmos pueden explorar una miríada de posibles soluciones simultáneamente, proporcionando un salto cuántico en la eficiencia computacional. Los algoritmos cuánticos de aprendizaje automático tienen el potencial de abordar las limitaciones de los modelos clásicos de aprendizaje automático, sobre todo en escenarios en los que la maldición de la dimensionalidad dificulta el rendimiento de los algoritmos tradicionales. Mediante el paralelismo y la interferencia cuánticos, estos algoritmos pueden navegar por espacios de características de alta dimensionalidad con mayor eficacia, lo que conduce a modelos de IA más robustos y fiables. La implementación de algoritmos cuánticos de aprendizaje automático también presenta varios retos, como la necesidad de hardware cuántico a gran escala y sofisticadas técnicas de corrección de errores para mitigar los efectos de la decoherencia y el ruido cuánticos. El diseño y la optimización de circuitos cuánticos para tareas específicas de aprendizaje automático requieren conocimientos tanto de computación cuántica como de IA, por lo que es esencial fomentar la colaboración interdisciplinar entre investigadores de estos campos. A pesar de estos retos, es innegable el potencial de los algoritmos cuánticos de aprendizaje automático para revolucionar la IA en los próximos años, allanando el camino para una nueva era de sistemas inteligentes que puedan superar las limitaciones de la informática clásica e impulsar la innovación en diversos sectores.

Redes neuronales cuánticas

Las redes neuronales cuánticas representan una apasionante frontera en el campo de la inteligencia artificial, ya que combinan los principios de la computación cuántica con la potencia de las redes neuronales. Estas redes aprovechan las propiedades únicas de la mecánica cuántica, como la superposición y el entrelazamiento, para realizar cálculos complejos a un ritmo exponencialmente más rápido que los ordenadores clásicos. Al aprovechar las capacidades de procesamiento paralelo de los sistemas cuánticos, las redes neuronales cuánticas tienen el potencial de revolucionar la forma en que se desarrollan y ejecutan los algoritmos de IA. Una ventaja clave de las redes neuronales cuánticas es su capacidad para manejar cantidades exponencialmente crecientes de datos de forma más eficiente que las redes neuronales clásicas. Esto es especialmente beneficioso en tareas que requieren procesar grandes conjuntos de datos, como el reconocimiento de imágenes, el procesamiento del lenguaje natural y los problemas de optimización. Las redes neuronales cuánticas pueden explorar múltiples soluciones simultáneamente, proporcionando un enfoque más completo y rápido para la resolución de problemas. La naturaleza cuántica de estas redes permite interacciones complejas entre las neuronas, lo que conduce al desarrollo de algoritmos de aprendizaje más sofisticados. Las redes neuronales cuánticas tienen el potencial de abordar algunas de las limitaciones de las redes neuronales clásicas, como el problema del gradiente evanescente y el sobreajuste. Al utilizar propiedades cuánticas como la superposición y el entrelazamiento cuánticos, estas redes pueden optimizar los procesos de entrenamiento y mejorar las capacidades de aprendizaje de los sistemas de IA. Mientras los investigadores siguen explorando las posibilidades de la computación cuántica en el ámbito de la inteligencia artificial, las redes neuronales cuánticas ofrecen una vía prometedora para desarrollar algoritmos de IA más avanzados y eficientes que puedan abordar problemas complejos en diversos sectores.

XI. LA IA EXPLICABLE

Los avances en inteligencia artificial han llevado al desarrollo de la IA Explicable (XAI), una rama de la IA que se centra en hacer que las decisiones y los procesos de los sistemas de IA sean más transparentes y comprensibles para los humanos. La XAI pretende salvar la distancia entre los complejos algoritmos utilizados por los sistemas de IA y la necesidad de que los usuarios humanos confíen en las decisiones tomadas por estos sistemas y las interpreten. Al proporcionar explicaciones y justificaciones de las decisiones tomadas por los modelos de IA, la XAI mejora la responsabilidad, fomenta la confianza y permite a los humanos intervenir cuando sea necesario. Esto es crucial en aplicaciones críticas como la sanidad, las finanzas y los vehículos autónomos, donde las consecuencias de las decisiones de la IA pueden tener un impacto significativo en el mundo real. Uno de los componentes clave de la XAI es el desarrollo de modelos de aprendizaje automático interpretables que puedan aportar información sobre su proceso de toma de decisiones. Esto incluye técnicas como el análisis de la importancia de las características, los mecanismos de atención y los árboles de decisión que permiten a los usuarios comprender cómo llega un modelo a un resultado concreto. Los métodos de XAI permiten a los usuarios explorar las limitaciones y los sesgos de los sistemas de IA, lo que en última instancia conduce a procesos de toma de decisiones más sólidos y justos. Al mejorar la transparencia y la interpretabilidad de los modelos de IA, la XAI sienta las bases para generar confianza entre los seres humanos y los sistemas inteligentes, allanando el camino para una adopción e integración más generalizadas de las tecnologías de IA en diversos sectores. La XAI desempeña un papel crucial a la hora de abordar las consideraciones éticas relacionadas con los sistemas de IA, como la parcialidad, la responsabilidad y la imparcialidad. Con la creciente dependencia de los sistemas de IA en los procesos críticos de toma de decisiones, es esencial garantizar que estos sistemas no sólo sean precisos, sino también éticos y transparentes. Al proporcionar explicaciones sobre las decisiones de la IA, la XAI permite identificar y mitigar los sesgos que puedan estar presentes en los datos o algoritmos utilizados por los sistemas de IA. Esta transparencia también responsabiliza a los desarrolladores y operadores de IA de las decisiones tomadas por sus sistemas, promoviendo un uso responsable y ético de las tecnologías de IA en la sociedad. La IA explicable representa un paso vital para garantizar que los sistemas de IA no sólo sean inteligentes, sino también transparentes, éticos y responsables en sus procesos de toma de decisiones.

Importancia de la IA explicable
No se puede exagerar la importancia de una IA explicable, especialmente a medida que avanzamos hacia el despliegue de sistemas autónomos más avanzados. Aunque la IA ha hecho avances notables en los últimos años, la falta de transparencia en los procesos de toma de decisiones de estos sistemas plantea riesgos significativos en términos de responsabilidad y fiabilidad. La IA explicable desempeña un papel crucial para garantizar que los seres humanos puedan comprender y confiar en el razonamiento que subyace a las decisiones tomadas por los sistemas de IA. Esta transparencia no sólo fomenta la confianza de los usuarios, sino que también ayuda a identificar y rectificar

sesgos o errores en los algoritmos, lo que en última instancia conduce a aplicaciones de IA más éticas y fiables. La IA explicable es esencial para promover consideraciones éticas en el desarrollo y despliegue de robots autónomos. Como estos sistemas están diseñados para funcionar sin supervisión humana constante, resulta crucial comprender cómo y por qué toman determinadas decisiones. Al proporcionar explicaciones sobre las acciones que realizan los robots autónomos, los desarrolladores y los usuarios pueden garantizar que estas máquinas se adhieren a las normas éticas y son responsables de su comportamiento. Esta transparencia también ayuda a abordar las preocupaciones relacionadas con la seguridad, la privacidad y los riesgos potenciales asociados a los sistemas autónomos, allanando así el camino para la integración responsable de la IA en la sociedad. La adopción de la IA explicable puede tener implicaciones significativas para los marcos jurídicos y normativos que rigen las tecnologías de IA. A medida que estos sistemas se vuelven más sofisticados y autónomos, se hace imperativo establecer directrices y normas para su desarrollo y uso. La IA explicable puede proporcionar información sobre el proceso de toma de decisiones de estos sistemas, permitiendo a los reguladores y responsables políticos aplicar las leyes y reglamentos de forma eficaz. Al promover la transparencia y la rendición de cuentas, la IA explicable puede ayudar a abordar retos legales como la responsabilidad, la protección de datos y la privacidad, garantizando que las tecnologías de IA se desplieguen de forma acorde con los valores y normas sociales.

Técnicas para Modelos Interpretables de IA
Los avances en inteligencia artificial han llevado al desarrollo

de modelos complejos y sofisticados que pueden realizar una amplia gama de tareas. Un reto clave en la investigación de la IA es garantizar que estos modelos sean interpretables, es decir, que sus decisiones y procesos puedan ser comprendidos por los humanos. En los últimos años se ha prestado mucha atención a las técnicas para crear modelos de IA interpretables. Un enfoque consiste en utilizar modelos más sencillos, como árboles de decisión o regresión lineal, en lugar de algoritmos más complejos como las redes neuronales profundas. Al utilizar modelos más fáciles de interpretar, los investigadores y los profesionales pueden comprender mejor cómo llegan a sus conclusiones los sistemas de IA. Otra técnica para lograr la interpretabilidad de los modelos de IA es el uso de herramientas de visualización. Estas herramientas pueden ayudar a los investigadores y usuarios a visualizar el funcionamiento interno de un modelo, facilitando la comprensión de cómo contribuyen las distintas variables al resultado final. Técnicas como los mapas de saliencia, que resaltan los rasgos importantes de una imagen o un texto, pueden proporcionar información valiosa sobre cómo toma sus decisiones un modelo. Mediante el uso de visualizaciones, las partes interesadas pueden obtener una comprensión más profunda de los sistemas de IA y descubrir potencialmente sesgos o errores que puedan estar presentes en el modelo. Además de utilizar modelos y herramientas de visualización más sencillos, otra técnica eficaz para crear modelos de IA interpretables es la incorporación de técnicas de importancia de las características. Estas técnicas permiten a los investigadores identificar qué características o variables influyen más en las predicciones del modelo. Al comprender la importancia de los distintos factores, las partes interesadas pueden obtener información valiosa sobre el proceso de toma de decisiones de los modelos de IA. Este nivel de transparencia es crucial para generar confianza en los sistemas de IA y garantizar que se utilicen de forma responsable en diversos ámbitos. El desarrollo de técnicas para modelos de IA interpretables es esencial para fomentar la confianza, la transparencia y la responsabilidad en el despliegue de las tecnologías de inteligencia artificial.

Aplicaciones en Sistemas de Toma de Decisiones Críticas

Los robots autónomos representan la próxima frontera en la evolución de la inteligencia artificial, mostrando los notables avances tecnológicos que han allanado el camino a estos sofisticados sistemas. Definidos por su capacidad para funcionar de forma independiente y tomar decisiones basadas en su entorno, los robots autónomos encierran un inmenso potencial para revolucionar diversas industrias. Desde vehículos autónomos que navegan por las calles de las ciudades hasta robots de limpieza que mantienen la higiene en hogares y lugares de trabajo, las aplicaciones de estos robots son amplias y diversas. El desarrollo de robots autónomos también presenta importantes retos tecnológicos y éticos que deben abordarse, como garantizar la seguridad, evitar el uso indebido y abordar el posible impacto en la mano de obra. Uno de los factores clave que impulsan el auge de los robots autónomos es su capacidad para realizar tareas que se consideran demasiado peligrosas, mundanas o lentas para los humanos. En el campo médico, se están desarrollando robots quirúrgicos autónomos para ayudar a los cirujanos en procedimientos delicados con precisión y eficacia. En logística, los drones y robots autónomos están revolucionando los procesos de almacenamiento y entrega, acelerando las operaciones y reduciendo los costes. En agricultura, los tractores y drones autónomos equipados con sensores y algoritmos de IA están mejorando el rendimiento de las cosechas y optimizando el uso de los recursos. Estas aplicaciones del mundo real demuestran los beneficios tangibles que los robots autónomos pueden aportar a distintos sectores y ponen de relieve el potencial de aumento de la eficiencia, la productividad y la innovación. Aunque la integración de robots autónomos en diversas industrias es muy prometedora, también plantea importantes consideraciones éticas que deben abordarse cuidadosamente. Cuestiones como la privacidad de los datos, la ciberseguridad, la responsabilidad y el impacto en el empleo deben considerarse cuidadosamente para garantizar que el despliegue de robots autónomos sea beneficioso para la sociedad en su conjunto. A medida que los robots autónomos se vuelven más avanzados y autónomos, deben aclararse las cuestiones relativas a la responsabilidad y la autoridad para tomar decisiones en caso de accidentes o errores. La adopción generalizada de robots autónomos puede desbloquear innumerables oportunidades para mejorar la vida humana e impulsar el progreso en el panorama en constante evolución de la inteligencia artificial.

XII. LA IA EN LA SANIDAD

La integración de la inteligencia artificial en la asistencia sanitaria ha dado paso a una nueva era de innovación y eficiencia en el campo médico. Los algoritmos de IA, combinados con grandes cantidades de datos, tienen el potencial de revolucionar la forma en que se realizan los diagnósticos médicos y se administran los tratamientos. Utilizando técnicas de aprendizaje automático y aprendizaje profundo, los sistemas de IA pueden analizar datos médicos complejos, como imágenes, información genética e historiales de pacientes, para proporcionar soluciones sanitarias precisas y personalizadas. Esto tiene el potencial de mejorar los resultados de los pacientes, reducir los errores médicos y optimizar los recursos sanitarios. Un área clave en la que la IA está teniendo un impacto significativo en la asistencia sanitaria es la interpretación de imágenes médicas. Los programas de diagnóstico por imagen basados en IA pueden analizar imágenes médicas como radiografías, resonancias magnéticas y tomografías computarizadas con una rapidez y precisión increíbles, ayudando a los radiólogos a detectar anomalías y realizar diagnósticos. Esto no sólo acelera el proceso de diagnóstico, sino que también reduce el riesgo de interpretaciones erróneas y mejora la calidad general de la atención al paciente. Los algoritmos de IA pueden identificar patrones y tendencias en los datos de los pacientes para predecir posibles problemas de salud, lo que permite a los profesionales sanitarios intervenir a tiempo y evitar complicaciones graves. La IA en la asistencia sanitaria está impulsando el desarrollo de robots médicos autónomos que pueden ayudar en las intervenciones quirúrgicas, suministrar medicamentos e incluso realizar un seguimiento remoto del paciente. Estos robots pueden trabajar en colaboración con los profesionales sanitarios para agilizar los procesos, aumentar la eficacia y mejorar la atención general al paciente. Aunque la integración de la IA en la asistencia sanitaria presenta interesantes oportunidades de mejora, también plantea problemas éticos en relación con la privacidad de los pacientes, la seguridad de los datos y la posibilidad de sesgo en los algoritmos. Abordar estos retos es crucial para garantizar que se maximizan los beneficios de la IA en la asistencia sanitaria, al tiempo que se minimizan los riesgos potenciales.

Papel de la IA en el diagnóstico médico
Gracias a los importantes avances de la tecnología de inteligencia artificial, el papel de la IA en el diagnóstico médico ha experimentado una notable transformación en los últimos años. Ahora se utilizan algoritmos de IA para analizar grandes cantidades de datos médicos, como historiales médicos, resultados de laboratorio y pruebas de imagen, para ayudar a los profesionales sanitarios a realizar diagnósticos precisos. Aprovechando las técnicas de aprendizaje automático, los sistemas de IA pueden identificar patrones y tendencias que pueden no ser evidentes de inmediato para los profesionales humanos, mejorando así la precisión y la eficacia del diagnóstico. Esto tiene el potencial de revolucionar el campo de la medicina al permitir una detección más temprana de las enfermedades y mejorar los resultados generales de los pacientes. Las herramientas de diagnóstico impulsadas por la IA pueden ayudar a los profesionales sanitarios a elaborar planes de tratamiento personalizados para los pacientes, basados en sus historiales médicos y

perfiles genéticos únicos. Al integrar datos específicos del paciente con directrices basadas en pruebas y conocimientos clínicos, los sistemas de diagnóstico impulsados por IA pueden ofrecer recomendaciones a medida que optimicen la eficacia de las intervenciones médicas. Este nivel de atención individualizada tiene el potencial de mejorar significativamente la satisfacción y los resultados de los pacientes, lo que en última instancia conduce a un sistema sanitario más eficiente y eficaz. El papel de la IA en el diagnóstico médico se extiende más allá del ámbito de la atención al paciente individual a la gestión de la salud de la población. Al analizar los datos de grandes cohortes de pacientes, los algoritmos de IA pueden identificar tendencias y factores de riesgo asociados a enfermedades concretas, lo que permite aplicar medidas preventivas específicas e intervenciones de salud pública. Este enfoque proactivo de la asistencia sanitaria puede ayudar a reducir la carga de enfermedad en los sistemas sanitarios y mejorar los resultados generales de salud de la población. A medida que la IA sigue evolucionando y sofisticándose, su impacto en el diagnóstico médico está a punto de revolucionar la prestación de asistencia sanitaria e impulsar los avances en la medicina de precisión.

Análisis de imágenes médicas con IA

El análisis de imágenes médicas con IA, que se perfila como una aplicación revolucionaria de las tecnologías de inteligencia artificial, ha suscitado una gran atención en el sector sanitario. Aprovechando los algoritmos de aprendizaje automático, las técnicas de aprendizaje profundo y el procesamiento avanzado de imágenes, la IA tiene el potencial de transformar la interpretación de imágenes médicas, como radiografías, resonancias magnéticas y tomografías computarizadas. Al automatizar el proceso de análisis, los sistemas de IA pueden ayudar a los radiólogos a diagnosticar enfermedades con mayor precisión y eficacia, lo que se traduce en mejores resultados para los pacientes. El análisis de imágenes médicas con IA puede ayudar a detectar precozmente las enfermedades, permitiendo intervenciones rápidas y estrategias de tratamiento personalizadas. Una de las principales ventajas del análisis de imágenes médicas con IA es su capacidad para procesar grandes cantidades de datos de imágenes con rapidez y precisión. La interpretación manual tradicional de las imágenes médicas puede llevar mucho tiempo y ser propensa a errores humanos. En cambio, los algoritmos de IA pueden analizar miles de imágenes en una fracción del tiempo que tardaría un experto humano, manteniendo un alto nivel de precisión. Esta velocidad y precisión pueden ser especialmente cruciales en situaciones de emergencia, en las que un diagnóstico rápido es esencial para la atención al paciente. Al aumentar las capacidades de los profesionales sanitarios, el análisis de imágenes médicas con IA puede agilizar los flujos de trabajo, reducir los errores de diagnóstico y mejorar la eficiencia operativa general de las instituciones sanitarias. La implantación del análisis de imágenes médicas con IA no está exenta de dificultades. La preocupación por la privacidad de los datos, la seguridad, el cumplimiento de la normativa y las consideraciones éticas que rodean el uso de la IA en los entornos sanitarios son primordiales. Garantizar la transparencia y la interpretabilidad de los algoritmos de IA, abordar los sesgos en los datos de entrenamiento e integrar los sistemas de IA sin problemas en los flujos de trabajo clínicos existentes son áreas clave que requieren atención. La colaboración entre los proveedores de asistencia sanitaria, los desarrolladores de IA, los organismos reguladores y los pacientes es esencial para superar estos retos y aprovechar el potencial transformador del análisis de imágenes médicas con IA para mejorar la atención al paciente y los resultados de la asistencia sanitaria.

Consideraciones éticas en las aplicaciones sanitarias de IA

A medida que la inteligencia artificial sigue revolucionando la asistencia sanitaria, las consideraciones éticas se vuelven primordiales en el desarrollo y la implantación de aplicaciones de IA en este campo. Una preocupación ética crucial es la necesidad de garantizar la privacidad del paciente y la seguridad de los datos. Con la gran cantidad de información sensible que procesan los sistemas sanitarios de IA, existe el riesgo de que se produzcan filtraciones de datos y usos indebidos si no se aplican las salvaguardias adecuadas. Es imperativo que los desarrolladores y los proveedores de asistencia sanitaria den prioridad a la protección de los datos de los pacientes para mantener la confianza y el cumplimiento de la normativa sobre privacidad. No puede pasarse por alto la cuestión de la responsabilidad y la transparencia en las aplicaciones sanitarias de IA. Dado que los sistemas de IA toman decisiones que repercuten directamente en los resultados de los pacientes, es crucial comprender cómo se toman estas decisiones y hacer que los responsables de cualquier error o sesgo rindan cuentas. Unos algoritmos transparentes y unas directrices claras para la toma de decisiones son esenciales para garantizar que los sistemas de IA en la asistencia sanitaria sean justos y equitativos. Debe tenerse en cuenta la posibilidad de que la IA agrave las disparidades existentes en la atención sanitaria, y deben tomarse medidas para mitigar los prejuicios y garantizar un acceso equitativo a los servicios sanitarios basados en la IA. Las implicaciones éticas de las aplicaciones sanitarias de la IA se extienden al impacto social más amplio de estas tecnologías. Hay que abordar las cuestiones relativas a la posible pérdida del toque humano y la empatía en la prestación de asistencia sanitaria, así como los dilemas éticos que plantea la toma de decisiones autónoma en situaciones críticas. Equilibrar los avances tecnológicos con las consideraciones éticas es esencial para garantizar que la IA en la asistencia sanitaria mejore la atención al paciente sin comprometer los principios éticos fundamentales. Al abordar estas cuestiones éticas de forma proactiva, las partes interesadas pueden fomentar la confianza pública y maximizar los beneficios de la IA para revolucionar la prestación de asistencia sanitaria.

XIII. LA IA EN FINANZAS

A medida que la inteligencia artificial sigue evolucionando, su aplicación en el sector financiero es cada vez más destacada. La IA en las finanzas está revolucionando la forma en que las instituciones gestionan el riesgo, toman decisiones de inversión y mejoran el servicio al cliente. Utilizando algoritmos de aprendizaje automático, los sistemas de IA pueden analizar grandes cantidades de datos a una velocidad y con una precisión que superan las capacidades humanas. Esto permite a las instituciones financieras detectar patrones, tendencias y anomalías que pueden no ser evidentes para los analistas humanos, lo que conduce a procesos de toma de decisiones más informados. La IA en las finanzas desempeña un papel crucial en la detección y prevención del fraude. Al emplear el análisis predictivo y el reconocimiento de patrones, los sistemas de IA pueden señalar actividades sospechosas en tiempo real, ayudando a mitigar los riesgos potenciales y a proteger los activos de los clientes. Los chatbots con IA están transformando la experiencia del servicio al cliente en el sector financiero, al proporcionar asistencia personalizada y respuestas rápidas a las consultas. Esto no sólo mejora la satisfacción del cliente, sino que también reduce los costes operativos de las instituciones financieras. De cara al futuro, el futuro de la IA en las finanzas es inmensamente prometedor, con potencial para agilizar los procesos, mejorar la eficiencia e impulsar la innovación. Es esencial que las instituciones financieras aborden las consideraciones éticas y los retos normativos asociados al uso de la IA. A medida que la tecnología siga avanzando, lograr un equilibrio entre el aprovechamiento de sus beneficios y la mitigación de sus riesgos será crucial para garantizar el despliegue responsable y eficaz de la IA en el sector financiero.

Aplicaciones de la IA en los servicios financieros

En el ámbito de los servicios financieros, las aplicaciones de la inteligencia artificial han demostrado ser revolucionarias, revolucionando el modo en que operan las instituciones y la forma en que los particulares interactúan con sus finanzas. Un caso destacado de uso de la IA en este sector es la negociación algorítmica, en la que los algoritmos de aprendizaje automático analizan las tendencias del mercado y ejecutan operaciones a velocidades y frecuencias imposibles para los operadores humanos. Este enfoque automatizado no sólo mejora la eficiencia, sino que también mejora la toma de decisiones al reducir los errores humanos y los sesgos emocionales. Los bancos y las instituciones financieras utilizan cada vez más chatbots impulsados por IA para proporcionar atención al cliente instantánea, responder a consultas e incluso ofrecer asesoramiento financiero personalizado basado en preferencias individuales y patrones de gasto. Esto no sólo mejora la satisfacción del cliente, sino que también agiliza los procesos y reduce los costes operativos de las organizaciones. La IA también se está aprovechando en el ámbito de la detección y prevención del fraude en el sector de los servicios financieros. Los algoritmos de aprendizaje automático pueden analizar grandes cantidades de datos en tiempo real para identificar patrones sospechosos y señalar actividades potencialmente fraudulentas, lo que permite a las instituciones tomar medidas rápidas para mitigar los riesgos. Al automatizar estos procesos y mejorar la precisión de la detección del fraude, la IA ayuda a salvaguardar las transacciones financieras y a proteger tanto a las instituciones como a sus clientes de las pérdidas financieras. La IA desempeña un papel crucial en la evaluación y gestión de riesgos, utilizando análisis predictivos para anticipar riesgos potenciales y optimizar las estrategias de inversión. Este enfoque proactivo permite a las instituciones financieras tomar decisiones más informadas, asignar los recursos con eficacia y mitigar los riesgos antes de que se agraven, mejorando en última instancia la estabilidad y la resistencia en un panorama financiero en constante cambio. Las aplicaciones de la IA en los servicios financieros han transformado el sector, impulsando la innovación, la eficiencia y los enfoques centrados en el cliente. Desde el comercio algorítmico hasta la atención al cliente personalizada y la detección del fraude, la IA ha revolucionado las prácticas tradicionales, permitiendo a las instituciones afrontar retos complejos y aprovechar nuevas oportunidades. A medida que la tecnología siga avanzando, se espera que aumente el papel de la IA en los servicios financieros, remodelando los modelos empresariales, mejorando la capacidad de toma de decisiones y, en última instancia, redefiniendo la relación entre las instituciones financieras y sus clientes. Al adoptar y aprovechar el poder de la IA, el sector de los servicios financieros se beneficiará de una mayor eficacia operativa, una mejor gestión del riesgo y una experiencia del cliente más personalizada y racionalizada.

Negociación algorítmica y gestión de riesgos
Un aspecto crítico de la inteligencia artificial que ha ganado cada vez más atención en los últimos años es la negociación

algorítmica y la gestión del riesgo. La negociación algorítmica se refiere al uso de algoritmos informáticos para ejecutar decisiones de negociación a gran velocidad, aprovechando grandes cantidades de datos y sofisticados modelos matemáticos. Este enfoque ha revolucionado los mercados financieros al permitir transacciones rápidas, minimizar los errores humanos y captar oportunidades que podrían perderse con la negociación manual. La automatización de los procesos de negociación conlleva riesgos inherentes, como la volatilidad del mercado, los errores algorítmicos y los posibles fallos del sistema. En consecuencia, es esencial disponer de estrategias sólidas de gestión del riesgo para mitigar estos riesgos y garantizar la estabilidad e integridad de los mercados financieros. La gestión del riesgo en la negociación algorítmica abarca una serie de técnicas y herramientas diseñadas para identificar, evaluar y abordar los riesgos potenciales asociados a los sistemas de negociación automatizada. Entre ellas se incluyen los controles de riesgo pre-negociación para limitar el tamaño y la frecuencia de las operaciones, el análisis post-negociación para evaluar el impacto de las decisiones de negociación, y las pruebas de estrés para simular condiciones extremas de mercado. Las prácticas de gestión del riesgo en la negociación algorítmica a menudo implican mecanismos de supervisión y vigilancia para detectar anomalías o irregularidades en el comportamiento de negociación, así como el cumplimiento de los requisitos reglamentarios para garantizar la transparencia y la rendición de cuentas. Al integrar estas medidas de gestión del riesgo en los sistemas de negociación algorítmica, las instituciones financieras pueden mejorar su resistencia operativa y protegerse contra posibles perturbaciones del mercado. Aunque la negociación algorítmica ha revolucionado los mercados financieros al aumentar la eficiencia y la liquidez, también plantea retos y riesgos únicos que deben gestionarse cuidadosamente. Las prácticas eficaces de gestión de riesgos en la negociación algorítmica requieren una comprensión exhaustiva de la dinámica del mercado, las capacidades tecnológicas y los marcos normativos. Adoptando un enfoque proactivo de la gestión de riesgos, las instituciones financieras pueden mantener la integridad del mercado, salvaguardar los intereses de los inversores y fomentar un entorno de negociación más estable y sostenible. A medida que la IA siga avanzando y evolucionando, la importancia de una sólida gestión del riesgo en la negociación algorítmica será cada vez mayor, lo que subraya la necesidad de una vigilancia y adaptación continuas ante el rápido cambio tecnológico.

Retos normativos en las finanzas impulsadas por la IA

Uno de los retos importantes en el ámbito de las finanzas impulsadas por la IA es la falta de marcos normativos claros que regulen el uso de algoritmos de inteligencia artificial en los procesos de toma de decisiones financieras. A medida que los algoritmos de IA se vuelven más sofisticados y complejos, se acentúan los riesgos asociados a su uso, como los posibles sesgos y los problemas de privacidad de los datos. Sin una regulación adecuada, existe el riesgo de que la toma de decisiones algorítmicas provoque consecuencias no deseadas e inestabilidad financiera. Los organismos reguladores se enfrentan al reto de seguir el ritmo de los rápidos avances de la tecnología de IA, garantizando al mismo tiempo que las instituciones financieras mantengan la transparencia, la imparcialidad y la responsabilidad en su uso de la IA. La naturaleza transfronteriza de los sistemas financieros impulsados por la IA añade otra capa de complejidad a los retos reguladores. Dado que los datos se transmiten y procesan en distintas jurisdicciones, los reguladores deben lidiar con cuestiones relacionadas con la localización de los datos, la soberanía de los datos y la armonización de las normativas. La falta de normas internacionales para la IA en las finanzas agrava los obstáculos normativos a los que se enfrentan los legisladores y puede dar lugar a arbitrajes normativos e incoherencias en los requisitos de cumplimiento. Armonizar las normativas transfronterizas para abordar los retos únicos que plantean las finanzas impulsadas por la IA requerirá la colaboración y coordinación entre los organismos reguladores a nivel internacional. La rápida evolución de las tecnologías de IA en las finanzas plantea retos a la hora de supervisar y hacer cumplir la normativa vigente. Los marcos reguladores tradicionales pueden no captar plenamente los riesgos matizados asociados a los productos y servicios financieros impulsados por la IA, como los sesgos algorítmicos y la explicabilidad de las decisiones de la IA. Los reguladores deben adaptar y actualizar las normativas existentes para abordar los riesgos específicos que plantea la IA en las finanzas, como la necesidad de transparencia algorítmica, validación de modelos y supervisión continua de los sistemas de IA. El desarrollo de espacios aislados y marcos reguladores adaptados a las tecnologías de IA puede ayudar a los reguladores a mantenerse al día de los riesgos emergentes y fomentar la innovación en el sector financiero, garantizando al mismo tiempo la protección del consumidor y la estabilidad financiera.

XIV. LA IA EN LA EDUCACIÓN

La integración de la inteligencia artificial en el campo de la educación tiene el potencial de revolucionar los métodos tradicionales de enseñanza y mejorar la experiencia de aprendizaje de los alumnos. Utilizando herramientas impulsadas por la IA, como plataformas de aprendizaje personalizado, tutores virtuales y sistemas inteligentes de calificación, los educadores pueden adaptar eficazmente la enseñanza a las necesidades y preferencias individuales de cada alumno. Este enfoque personalizado puede mejorar la participación, la retención y el rendimiento académico de los alumnos. La IA puede analizar grandes cantidades de datos de los alumnos para identificar pautas y tendencias, lo que permite a los educadores tomar decisiones basadas en datos para apoyar eficazmente el aprendizaje y el desarrollo de los alumnos. La IA en la educación tiene el poder de democratizar el acceso a una educación de calidad rompiendo barreras como la ubicación geográfica, el estatus socioeconómico o las discapacidades físicas. Las aulas virtuales impulsadas por la tecnología de IA pueden proporcionar a los alumnos acceso remoto a recursos educativos de alta calidad, profesores expertos y experiencias de aprendizaje interactivas. Esta flexibilidad en las modalidades de aprendizaje puede dar cabida a diversos estilos y preferencias de aprendizaje, atendiendo a una gama más amplia de estudiantes que pueden no prosperar en los entornos tradicionales de las aulas. Aprovechando la IA en la educación, las instituciones pueden fomentar un entorno de aprendizaje más inclusivo y equitativo para todos los estudiantes, garantizando que todos tengan la oportunidad de alcanzar su pleno potencial académico. Aunque los beneficios potenciales de la IA en la educación son enormes, también hay consideraciones y retos éticos que deben considerarse cuidadosamente. Hay que abordar cuestiones como la privacidad y la seguridad de los datos, la parcialidad de los algoritmos y el desplazamiento de los profesores por los sistemas impulsados por IA, para garantizar que la integración de la IA en la educación se lleve a cabo de forma ética y responsable. Se necesita un desarrollo profesional continuo para que los educadores desarrollen su capacidad de integrar eficazmente las herramientas de IA en sus prácticas docentes. Si se afrontan estos complejos retos con sensatez, el campo de la educación puede aprovechar el poder de la IA para crear experiencias de aprendizaje innovadoras e impactantes que beneficien a los estudiantes, a los profesores y a la sociedad en su conjunto.

Aprendizaje personalizado con IA
La evolución de la inteligencia artificial ha allanado el camino para el aprendizaje personalizado con la integración de la tecnología de IA. Aprovechando los algoritmos de IA, las plataformas de aprendizaje personalizado pueden proporcionar experiencias educativas a medida para los estudiantes, basadas en sus necesidades, preferencias y estilos de aprendizaje individuales. Estas plataformas pueden adaptarse al ritmo de cada alumno, ofreciéndole contenidos y recursos específicos para mejorar su comprensión y compromiso. Los sistemas impulsados por IA pueden analizar grandes cantidades de datos para identificar tendencias y patrones en el rendimiento de los alumnos, lo que permite poner en marcha intervenciones y mecanismos

de apoyo más eficaces. El aprendizaje personalizado con IA permite a los educadores dejar de centrarse en la enseñanza tradicional de talla única y adoptar un enfoque más centrado en el alumno. Al aprovechar las capacidades de la IA, los profesores pueden acceder a datos en tiempo real sobre el progreso de los alumnos, lo que les permite seguir el crecimiento individual, identificar las áreas débiles y adaptar sus estrategias de enseñanza en consecuencia. Este enfoque basado en los datos no sólo mejora la eficacia de la enseñanza, sino que también capacita a los educadores para proporcionar información y apoyo personalizados a cada alumno, fomentando un entorno de aprendizaje más inclusivo y receptivo. La integración de la IA en el aprendizaje personalizado abre nuevas posibilidades para el futuro de la educación. A medida que la tecnología de IA siga avanzando, los alumnos podrán beneficiarse de sistemas de aprendizaje adaptativo que evolucionen y mejoren continuamente en función de los comentarios y el rendimiento individuales. Este enfoque dinámico e interactivo de la educación tiene el potencial de revolucionar los modelos tradicionales de aprendizaje, promoviendo un mayor compromiso, autonomía y éxito de los estudiantes. Al adoptar el aprendizaje personalizado con IA, las instituciones educativas pueden capacitar a los estudiantes para que se hagan cargo de su viaje de aprendizaje y, en última instancia, liberen todo su potencial.

Sistemas de tutoría de IA

Los avances en inteligencia artificial han allanado el camino para el desarrollo de sistemas de tutoría de IA, que están revolucionando la forma en que las personas aprenden y adquieren nuevas habilidades. Estos sistemas aprovechan las tecnologías de IA, como el aprendizaje automático y el procesamiento del lenguaje natural, para proporcionar experiencias de aprendizaje personalizadas y adaptables. Mediante el análisis de las interacciones del usuario y los datos de rendimiento, los sistemas de tutoría de IA pueden adaptar su contenido instructivo para satisfacer las necesidades y estilos de aprendizaje únicos de cada estudiante. Este nivel de personalización conduce en última instancia a resultados de aprendizaje más eficaces y a un mayor compromiso entre los alumnos. Los sistemas de tutoría por IA tienen la capacidad de proporcionar retroalimentación y apoyo inmediatos a los alumnos, ayudándoles a abordar sus lagunas de aprendizaje en tiempo real. Este mecanismo de retroalimentación instantánea no sólo mejora la experiencia de aprendizaje, sino que también promueve una comprensión más profunda del material que se enseña. Los sistemas de tutoría de IA pueden seguir el progreso de cada alumno y ajustar su enfoque instructivo en consecuencia, asegurándose de que los alumnos se mantienen en el buen camino y alcanzan sus objetivos educativos. Este enfoque personalizado del aprendizaje está remodelando los modelos educativos tradicionales y abriendo nuevas oportunidades para que las personas accedan a servicios de tutoría de alta calidad a gran escala. A medida que los sistemas de tutoría con IA siguen evolucionando y mejorando, tienen el potencial de democratizar la educación haciendo que los recursos de aprendizaje de alta calidad sean más accesibles y asequibles para un público más amplio. Aprovechando el poder de la IA, estos sistemas pueden proporcionar servicios de tutoría personalizados a los estudiantes, independientemente de su ubicación o de su origen socioeconómico. Esta democratización de la educación tiene el potencial de reducir la brecha de rendimiento y capacitar a las personas para que alcancen todo su potencial. Los sistemas de tutoría con IA representan un avance significativo en el campo de la educación, y ofrecen una visión del futuro de las experiencias de aprendizaje personalizadas y adaptativas.

Implicaciones éticas de la IA en la educación

A medida que la inteligencia artificial sigue infiltrándose en diversos aspectos de la sociedad, su integración en la educación conlleva multitud de implicaciones éticas que deben considerarse cuidadosamente. Una preocupación clave gira en torno al potencial de la IA para exacerbar las desigualdades existentes en la educación. La implantación de herramientas basadas en IA en las aulas puede perjudicar inadvertidamente a los estudiantes que no tienen acceso a la tecnología necesaria o carecen de las habilidades de alfabetización digital necesarias para navegar eficazmente por estos sistemas. Esto podría ampliar la brecha entre los estudiantes de diferentes entornos socioeconómicos, perpetuando aún más las disparidades en los resultados educativos. Otra consideración ética en el ámbito de la IA en la educación tiene que ver con la privacidad y la seguridad de los datos. Con el uso de plataformas de IA para recopilar y analizar grandes cantidades de datos de los alumnos, existe una preocupación legítima por la protección de la información sensible. El riesgo de violaciones o uso indebido de los datos personales plantea cuestiones sobre quién tiene acceso a esta información, cómo se utiliza y si los estudiantes y los padres tienen un control adecuado sobre sus propios datos. A medida que las instituciones educativas confían cada vez más en los algoritmos de IA para personalizar las experiencias de aprendizaje, garantizar el manejo ético de los datos resulta primordial para salvaguardar la privacidad y los derechos de los estudiantes. El potencial de la IA en la educación para influir en los procesos de toma de decisiones plantea dilemas éticos en torno a la responsabilidad y la transparencia. A medida que los algoritmos desempeñan un papel más importante en la evaluación del rendimiento de los estudiantes, la recomendación de cursos o incluso la identificación de posibles trayectorias profesionales, surgen preguntas sobre la imparcialidad y la parcialidad inherentes a estos sistemas. Las cuestiones de la transparencia algorítmica, la explicabilidad y la capacidad de impugnar o apelar las decisiones automatizadas son cruciales para mantener la responsabilidad y garantizar que las oportunidades educativas que ofrece la IA sean equitativas para todos los estudiantes. Si se abordan estas implicaciones éticas de forma proactiva, las partes interesadas pueden aprovechar el poder de la IA en la educación al tiempo que defienden los principios de imparcialidad, privacidad y responsabilidad social.

XV. LA IA EN LA SOSTENIBILIDAD MEDIOAMBIENTAL

A medida que la tecnología sigue avanzando, el papel de la inteligencia artificial en la sostenibilidad medioambiental es cada vez más importante. La IA tiene el potencial de revolucionar la forma en que abordamos los retos medioambientales aumentando la eficacia, mejorando la gestión de los recursos y optimizando los procesos de toma de decisiones. Utilizando herramientas y tecnologías impulsadas por la IA, las organizaciones y los gobiernos pueden controlar mejor los cambios medioambientales, predecir las catástrofes naturales y desarrollar soluciones innovadoras para mitigar el impacto del cambio climático. Este enfoque proactivo facilitado por la IA puede ayudar a crear un futuro más sostenible para nuestro planeta. Un ámbito clave en el que la IA puede tener un impacto sustancial en la sostenibilidad medioambiental es el de las energías renovables. Aprovechando los algoritmos de IA para analizar grandes cantidades de datos, los investigadores e ingenieros pueden optimizar el diseño y el funcionamiento de los sistemas de energías renovables, como los paneles solares, las turbinas eólicas y las centrales hidroeléctricas. La IA también puede utilizarse para prever la demanda de energía, optimizar los patrones de consumo energético y facilitar la integración de las fuentes de energía renovables en las redes eléctricas existentes. Esto no sólo reduce las emisiones de gases de efecto invernadero, sino que también promueve la transición hacia una infraestructura energética más sostenible y resistente. La IA puede desempeñar un papel crucial en la promoción de prácticas sostenibles en sectores como la agricultura, el transporte y la gestión de residuos.

Desde las técnicas de agricultura de precisión que optimizan el rendimiento de las cosechas minimizando el impacto medioambiental hasta los vehículos autónomos que reducen el consumo de combustible y la congestión del tráfico, las aplicaciones impulsadas por la IA están revolucionando las prácticas tradicionales. Al aprovechar el poder de la IA para recopilar, analizar y actuar sobre los datos medioambientales, las partes interesadas pueden tomar decisiones informadas que conduzcan a resultados más sostenibles. Mientras seguimos aprovechando el potencial de la IA en la sostenibilidad medioambiental, es esencial dar prioridad a la colaboración, la transparencia y las consideraciones éticas para garantizar que estas tecnologías se utilicen de forma responsable en beneficio de las generaciones presentes y futuras.

IA para la predicción del cambio climático

Los avances en inteligencia artificial han abierto nuevos horizontes en el ámbito de la predicción del cambio climático. Las tecnologías de IA, sobre todo los algoritmos de aprendizaje automático, se están aprovechando para analizar grandes cantidades de datos medioambientales y predecir futuras tendencias climáticas con un alto grado de precisión. Al procesar datos de diversas fuentes, como satélites, estaciones meteorológicas y boyas oceánicas, los sistemas de IA pueden identificar pautas y correlaciones que los analistas humanos podrían pasar por alto. Esto tiene el potencial de revolucionar nuestra comprensión del cambio climático y permitir a los responsables políticos tomar decisiones informadas para mitigar su impacto. Una de las principales ventajas de utilizar la IA para predecir el cambio climático es su capacidad para manejar conjuntos de datos grandes y complejos en tiempo real. Los métodos tradicionales de modelización climática suelen tener dificultades para procesar el enorme volumen de datos disponibles, lo que limita su precisión y puntualidad. Los algoritmos de IA, en cambio, destacan en el manejo de estas tareas intensivas en datos, lo que permite a los investigadores generar predicciones más precisas y oportunas. Esta capacidad es crucial para hacer frente a la urgente necesidad de previsiones precisas sobre el cambio climático que orienten los esfuerzos de mitigación y las estrategias de adaptación, tanto a escala mundial como local. La IA también puede ayudar a identificar y evaluar la eficacia de diversas intervenciones sobre el cambio climático, como los proyectos de energías renovables, las iniciativas de secuestro de carbono y los esfuerzos de conservación. Mediante el análisis de datos anteriores y la ejecución de simulaciones basadas en diferentes escenarios, los sistemas de IA pueden predecir los posibles resultados de estas intervenciones y proporcionar información valiosa a los responsables políticos y a las partes interesadas. Este enfoque proactivo de la gestión del cambio climático puede ayudar a priorizar los recursos y optimizar las estrategias para obtener el máximo impacto. A medida que la IA siga evolucionando, su papel en la predicción y mitigación del cambio climático será aún más indispensable para forjar un futuro sostenible para nuestro planeta.

Sistemas inteligentes de gestión de la energía

A medida que los sistemas inteligentes de gestión de la energía se hacen más frecuentes en nuestra vida cotidiana, la integración de la inteligencia artificial ha desempeñado un papel crucial en la optimización del consumo de energía y el aumento de la eficiencia. Estos sistemas aprovechan los algoritmos de IA para analizar datos de diversas fuentes, como contadores inteligentes y dispositivos IoT, para tomar decisiones inteligentes en tiempo real. Al supervisar continuamente los patrones de uso de la energía y detectar anomalías, los sistemas impulsados por IA pueden ajustar automáticamente la configuración para minimizar el despilfarro y reducir los costes. Este enfoque proactivo no sólo garantiza un consumo energético más sostenible, sino que también contribuye a una estrategia de gestión energética más respetuosa con el medio ambiente y más rentable. Una ventaja clave de los sistemas inteligentes de gestión de la energía mejorados por la IA es su capacidad para predecir las demandas y tendencias energéticas futuras. Analizando datos y patrones históricos, estos sistemas pueden prever las necesidades de consumo energético y optimizar la producción y distribución de energía en consecuencia. Esta capacidad de predicción permite una mejor planificación y asignación de recursos, lo que en última instancia conduce a un suministro de energía más estable y fiable. Los algoritmos de IA pueden identificar oportunidades de conservación de la energía y de mejora de la eficiencia, ayudando a las organizaciones y a las personas a tomar decisiones informadas para reducir su huella de carbono y ahorrar en costes energéticos. La evolución de los sistemas inteligentes de gestión de la energía con IA también ha abierto nuevas posibilidades para la respuesta a la demanda y la optimización de la red. Aprovechando los datos en tiempo real y los análisis avanzados, estos sistemas pueden ajustar el consumo de energía en función de factores externos como las condiciones meteorológicas, los precios del mercado y las limitaciones de la red. Este enfoque dinámico no sólo ayuda a equilibrar más eficazmente la oferta y la demanda, sino que también permite a los usuarios participar en programas de gestión de la demanda y optimizar sus pautas de consumo energético en consonancia con los requisitos de la red. La integración de la IA en los sistemas inteligentes de gestión de la energía es muy prometedora para lograr un ecosistema energético más sostenible y eficiente en el futuro.

Consideraciones éticas en la IA para la conservación del medio ambiente

Las consideraciones éticas en el desarrollo y la aplicación de la IA para la conservación del medio ambiente son cruciales, ya que este avance tecnológico sigue reconfigurando nuestro enfoque de los retos medioambientales. Una consideración clave gira en torno al impacto potencial de la IA en el empleo, sobre todo en sectores que tradicionalmente dependen del trabajo manual para los esfuerzos de conservación. A medida que la IA se integra más en las prácticas de conservación, existe el riesgo de desplazar a los trabajadores humanos, lo que plantea cuestiones sobre el acceso equitativo a las oportunidades en la emergente industria de la conservación impulsada por la IA. Garantizar una transición justa para los trabajadores afectados por la automatización e invertir en programas de reciclaje será esencial para mitigar las implicaciones sociales negativas de la adopción de la IA en la conservación del medio ambiente. Las preocupaciones éticas también se extienden a los aspectos de privacidad y seguridad de los datos de las aplicaciones de la IA en la conservación. Con las enormes cantidades de datos recogidos y analizados por los sistemas de IA para supervisar y gestionar los recursos naturales, existe un mayor riesgo de violación de datos y de acceso no autorizado a información medioambiental sensible. Alcanzar un equilibrio entre el aprovechamiento de los conocimientos basados en los datos para obtener resultados de conservación eficaces y la protección de la privacidad y la seguridad de las personas y los ecosistemas será una consideración ética primordial en el avance de la IA para la conservación del medio ambiente. Unos marcos sólidos de gobernanza de los datos y el cumplimiento de las normas éticas en las prácticas de gestión de datos serán esenciales para generar confianza y garantizar el uso responsable de las tecnologías de IA en los esfuerzos de conservación. La transparencia y la rendición de cuentas en el desarrollo y despliegue de sistemas de IA para la conservación del medio ambiente son esenciales para mantener la confianza pública y defender las normas éticas. Dado que los algoritmos de IA influyen cada vez más en los procesos de toma de decisiones en la conservación, se necesitan directrices y mecanismos claros para garantizar que estos sistemas funcionan de forma justa e imparcial. Abordar cuestiones como el sesgo algorítmico y garantizar la explicabilidad de las decisiones de conservación impulsadas por la IA será fundamental para promover prácticas éticas de IA que se ajusten a los principios de imparcialidad, responsabilidad y transparencia.

XVI. LA IA EN LAS INDUSTRIAS CREATIVAS

A medida que la tecnología sigue avanzando, la inteligencia artificial ha hecho importantes incursiones en diversas industrias, incluido el sector creativo. La IA en las industrias creativas está revolucionando la forma de trabajar de artistas, diseñadores y creadores de contenidos, ofreciendo nuevas herramientas y posibilidades de innovación. Desde la generación de nuevas ideas hasta la asistencia en el proceso de producción, la IA está desempeñando un papel crucial en la remodelación del panorama creativo. Un aspecto clave de la IA en las industrias creativas es su capacidad para analizar grandes cantidades de datos e identificar patrones que los humanos pueden pasar por alto. Esto puede ser especialmente útil en campos como el marketing y la publicidad, donde es esencial comprender el comportamiento y las preferencias de los consumidores. Aprovechando los algoritmos de IA, las empresas pueden conocer mejor a su público objetivo y adaptar sus estrategias creativas en consecuencia. Esto no sólo aumenta la eficacia de las campañas de marketing, sino que también permite a las empresas adelantarse a las tendencias y a la competencia. Las herramientas de IA permiten a artistas y diseñadores experimentar con nuevas técnicas y superar los límites de la creatividad. Los algoritmos de IA pueden ayudar a generar efectos visuales, composiciones musicales o conceptos de diseño únicos que los artistas pueden perfeccionar y ampliar. Al incorporar la IA a su proceso creativo, los profesionales de las industrias creativas pueden explorar nuevas posibilidades, colaborar con sistemas inteligentes y, en última instancia, ofrecer contenidos más innovadores y atractivos al público. A medida que la IA siga evolucionando, su impacto en las industrias creativas no hará sino crecer, abriendo nuevas vías de expresión y exploración artística.

Arte y música generados por IA

La aparición de la inteligencia artificial no sólo ha revolucionado la forma en que interactuamos con la tecnología, sino que también se ha extendido a los ámbitos del arte y la música. El arte generado por IA ha ganado adeptos en los últimos años, y se han utilizado algoritmos para crear piezas únicas e intrincadas en distintos medios. Desde pinturas a esculturas, la IA ha demostrado su capacidad para imitar la creatividad humana y producir obras que desafían las nociones tradicionales del arte. Del mismo modo, la música generada por IA también ha causado sensación en la industria musical, con algoritmos que componen melodías que evocan emociones y cautivan a los oyentes. La unión de la IA y el arte ha abierto nuevas posibilidades para la creatividad y la expresión artística, difuminando los límites entre el hombre y la máquina. Una de las principales ventajas del arte y la música generados por IA reside en su capacidad para ampliar los límites de la creatividad y explorar territorios inexplorados. Aprovechando el poder del aprendizaje automático y las redes neuronales, la IA puede analizar grandes cantidades de datos para producir arte y música que van más allá de la imaginación humana. Este enfoque innovador no sólo desafía las prácticas artísticas convencionales, sino que también introduce nuevas vías de experimentación e innovación. El arte y la música generados por IA tienen el potencial de inspirar a artistas y músicos a pensar con originalidad y explorar nuevas formas de expresarse, enriqueciendo en última instancia el panorama cultural con nuevas perspectivas y creaciones innovadoras. A pesar de los avances revolucionarios en el arte y la música generados por IA, existen dudas sobre la autenticidad y originalidad de estas obras. Los críticos sostienen que la IA carece de las emociones y experiencias inherentes que impulsan la creatividad humana, lo que plantea dudas sobre el verdadero valor artístico de las obras generadas por IA. Existen consideraciones éticas sobre el papel de la IA en el proceso creativo y su impacto en los artistas y músicos humanos. Como la línea entre el hombre y la máquina sigue difuminándose, es esencial entablar debates reflexivos sobre las implicaciones del arte y la música generados por IA en el futuro de la creatividad y la expresión artística. Al equilibrar la innovación tecnológica con las consideraciones éticas, podemos navegar por el panorama en evolución del arte y la música generados por IA con una mirada crítica hacia la preservación de la integridad y la autenticidad de la creatividad humana.

IA en la creación y crianza de contenidos

Los avances de la inteligencia artificial han tenido un impacto significativo en el ámbito de la creación y edición de contenidos. Con el desarrollo de sofisticados algoritmos y técnicas de aprendizaje automático, la IA ha transformado la forma en que se generan, seleccionan y comparten los contenidos. Los asistentes virtuales, como Siri, Alexa y Google Assistant, representan un paso inicial hacia la creación de contenidos impulsada por la IA. Estos asistentes virtuales se han convertido en parte integrante de la vida moderna, proporcionando a los usuarios información personalizada, recomendaciones y asistencia. Su capacidad para comprender el lenguaje natural y responder a consultas complejas ha revolucionado la forma en que las personas interactúan con la tecnología, lo que ha aumentado la eficacia y la comodidad en diversos sectores. A medida que la IA sigue avanzando, el ámbito de la creación y conservación de contenidos se amplía para incluir a los robots autónomos. Estos robots son capaces de realizar tareas sin intervención humana, desde vehículos autónomos hasta robots de limpieza y automatización industrial. El desarrollo de robots autónomos plantea retos tanto tecnológicos como éticos, ya que tienen el potencial de revolucionar el modo en que operan las empresas y funciona la sociedad en su conjunto. El uso de robots autónomos en sectores como la medicina, la logística, la agricultura y la seguridad pone de manifiesto las diversas aplicaciones de la IA en la creación y conservación de contenidos, lo que subraya aún más la creciente importancia de estas tecnologías en la configuración del futuro. De cara al futuro, la evolución de la IA, desde los asistentes virtuales hasta los robots autónomos, apunta a un futuro en el que la inteligencia artificial desempeñará un papel aún más dominante en la creación y edición de contenidos. Las tendencias emergentes en IA y robótica sugieren una integración continua de estas tecnologías en diversos aspectos de la vida humana, con beneficios y riesgos potenciales a tener en cuenta. A medida que la sociedad se prepara para un futuro impulsado por la IA, es crucial encontrar un equilibrio entre la innovación tecnológica y las consideraciones éticas, garantizando que la adopción generalizada de robots autónomos y la creación de contenidos impulsados por la IA sirvan al bien común.

Derechos de propiedad intelectual y contenidos generados por IA

A medida que la inteligencia artificial sigue evolucionando, una de las principales áreas de preocupación es la cuestión de los derechos de propiedad intelectual en relación con los contenidos generados por la IA. Con las crecientes capacidades de la IA para crear música, arte, literatura y otras formas de trabajo creativo, la cuestión de a quién pertenecen los derechos de estas creaciones se vuelve compleja. Las leyes tradicionales de derechos de autor están diseñadas para proteger las obras de los creadores humanos, pero puede que no estén bien equipadas para abordar los retos únicos que plantean los contenidos generados por IA. El quid de la cuestión radica en determinar si la IA debe considerarse la creadora del contenido que produce, o si los individuos u organizaciones que desarrollan y despliegan la IA deben considerarse los legítimos propietarios de las obras generadas. Algunos sostienen que, dado que la IA funciona a partir de algoritmos y datos proporcionados por los seres humanos, la contribución creativa última sigue procediendo de los seres humanos. Plantean que los derechos de propiedad intelectual deberían residir en los creadores del sistema de IA y no en la propia IA. Esta perspectiva plantea cuestiones sobre la responsabilidad y la atribución en los casos en que la IA genera contenidos de forma autónoma sin intervención humana directa. Para abordar la complejidad de los derechos de propiedad intelectual en el contexto de los contenidos generados por IA, los responsables políticos, los juristas y las partes interesadas del sector deben entablar debates exhaustivos y elaborar directrices claras. Es esencial alcanzar un equilibrio que reconozca y recompense la creatividad humana y, al mismo tiempo, tenga en cuenta el potencial de la IA para generar contenidos innovadores y valiosos. A medida que la tecnología de IA siga avanzando, la necesidad de establecer marcos sólidos que protejan los derechos de los creadores, ya sean humanos o artificiales, será cada vez más urgente para garantizar resultados justos y equitativos para todas las partes implicadas.

XVII. GOBERNANZA Y RESPONSABILIDAD DE LA IA

A medida que la inteligencia artificial sigue avanzando rápidamente, la cuestión de la gobernanza y la responsabilidad se vuelve cada vez más crucial. Con el desarrollo de sistemas de IA más sofisticados, cada vez es más necesario establecer directrices y normativas claras para garantizar que estas tecnologías se utilizan de forma ética y responsable. La gobernanza de la IA implica el establecimiento de normas para el diseño, desarrollo y despliegue de los sistemas de IA, mientras que la rendición de cuentas garantiza que los responsables de las decisiones relacionadas con la IA puedan responder de sus actos. Sin unas medidas adecuadas de gobernanza y rendición de cuentas, existe el riesgo de que los sistemas de IA se utilicen indebidamente o causen daños a las personas o a la sociedad en su conjunto. Uno de los principales retos de la gobernanza de la IA es la falta de marcos normativos equipados para abordar las complejidades de las tecnologías de IA. Las leyes y normativas tradicionales pueden no ser suficientes para gobernar los sistemas de IA que aprenden y se adaptan con el tiempo, lo que plantea dilemas éticos y legales únicos. La naturaleza descentralizada del desarrollo de la IA, con empresas tecnológicas e instituciones de investigación de todo el mundo que contribuyen a los avances, complica aún más la tarea de establecer normas globales para la gobernanza de la IA. Por ello, existe una necesidad acuciante de colaboración y cooperación internacionales para desarrollar un marco que pueda regular eficazmente el uso de la IA y, al mismo tiempo, promover la innovación y el desarrollo. Para garantizar la rendición de cuentas en los procesos de toma de decisiones sobre IA, es esencial que los sistemas de IA sean transparentes y explicables. Esto significa que las partes interesadas deben comprender claramente cómo toman decisiones los algoritmos de IA y los posibles sesgos o riesgos asociados a estas decisiones. Poner en marcha mecanismos de auditoría y supervisión de los sistemas de IA puede ayudar a detectar y corregir errores o sesgos, responsabilizando a los desarrolladores y usuarios de los resultados de las aplicaciones de IA. Fomentando una cultura de responsabilidad en el desarrollo y despliegue de la IA, podemos promover la confianza en estas tecnologías, al tiempo que las protegemos contra posibles abusos o daños.

Importancia de los marcos de gobernanza de la IA

A medida que la inteligencia artificial sigue evolucionando e impregnando diversos aspectos de nuestras vidas, la importancia de aplicar marcos de gobernanza eficaces es cada vez más crucial. Estos marcos sirven como conjunto de directrices y principios que regulan el desarrollo, despliegue y uso de las tecnologías de IA para garantizar prácticas éticas, seguras y responsables. Sin una gobernanza adecuada, los riesgos potenciales asociados a la IA, como la parcialidad, los problemas de privacidad y las amenazas a la seguridad, pueden eclipsar sus beneficios. A medida que los sistemas de IA se hacen más sofisticados y autónomos, la necesidad de mecanismos de gobernanza sólidos se hace aún más acuciante para mitigar los posibles daños y garantizar que la IA se ajusta a los valores y objetivos de la sociedad. Un aspecto clave de los marcos de gobernanza de la IA es el establecimiento de mecanismos de rendición de cuentas para responsabilizar de sus acciones a los desarrolladores y a quienes despliegan las tecnologías de IA. Al definir claramente las funciones y responsabilidades, establecer normas de transparencia y explicabilidad, e implantar mecanismos de supervisión y rendición de cuentas, los marcos de gobernanza pueden ayudar a prevenir el mal uso o el abuso de los sistemas de IA. Estos marcos pueden facilitar el cumplimiento de los requisitos legales y reglamentarios, garantizando que las aplicaciones de IA se adhieran a las leyes y directrices pertinentes. Esta responsabilidad ayuda a generar confianza entre las partes interesadas, incluidos los usuarios, los responsables políticos y el público, fomentando una percepción positiva de las tecnologías de IA y alentando su uso y adopción responsables. Los marcos de gobernanza de la IA desempeñan un papel vital en la promoción de la justicia, la equidad y la inclusión en el desarrollo y despliegue de las tecnologías de IA. Al abordar las cuestiones de parcialidad, discriminación e impacto social, estos marcos pueden ayudar a mitigar las consecuencias negativas de los sistemas de IA sobre las personas y las comunidades. Mediante mecanismos como las auditorías de imparcialidad, las evaluaciones de impacto y la participación de las partes interesadas, los marcos de gobernanza pueden ayudar a identificar y abordar posibles sesgos y discriminación en los algoritmos y aplicaciones de IA. Al promover la diversidad, la equidad y la inclusión en los equipos de desarrollo de IA y en los procesos de toma de decisiones, estos marcos pueden ayudar a garantizar que las tecnologías de IA satisfagan las necesidades y los intereses de una amplia gama de partes interesadas, contribuyendo en última instancia a unos resultados más equitativos e inclusivos.

Transparencia y responsabilidad en los sistemas de IA
Uno de los principales retos en el campo de los sistemas de inteligencia artificial es garantizar la transparencia y la responsabilidad de sus operaciones. A medida que los sistemas de IA se hacen más complejos y autónomos, es cada vez más importante comprender cómo toman sus decisiones y por qué. La transparencia se refiere a la capacidad de rastrear y comprender el proceso de toma de decisiones de los sistemas de IA, mientras que la rendición de cuentas es el concepto de responsabilizar a estos sistemas de sus acciones. Sin transparencia, es difícil confiar en los sistemas de IA, sobre todo cuando se utilizan en aplicaciones críticas como la sanidad o el transporte. La rendición de cuentas, por otra parte, garantiza que los sistemas de IA puedan ser considerados responsables de cualquier error o sesgo en su toma de decisiones, fomentando así la confianza y la fiabilidad en su uso. Para lograr la transparencia y la responsabilidad de los sistemas de IA, es esencial implantar mecanismos que permitan a los usuarios comprender cómo llegan estos sistemas a sus decisiones. Esto puede lograrse mediante la IA explicable, que se centra en el desarrollo de modelos y algoritmos que ofrezcan explicaciones claras de sus resultados. Al permitir que los humanos comprendan el razonamiento que hay detrás de las decisiones de la IA, se puede establecer la confianza en estos sistemas. La rendición de cuentas puede garantizarse mediante marcos de gobernanza y reglamentos adecuados que responsabilicen a los desarrolladores y usuarios de los sistemas de IA de sus acciones. Al establecer directrices y normas claras para el uso ético de la IA, se pueden minimizar los riesgos potenciales y los resultados perjudiciales de estos

sistemas. La transparencia y la responsabilidad son componentes esenciales del desarrollo y el despliegue éticos de la IA. Al dar prioridad a la transparencia, los desarrolladores pueden mejorar la interpretabilidad de los sistemas de IA, haciéndolos más dignos de confianza y fiables. Al mismo tiempo, los mecanismos de rendición de cuentas pueden ayudar a mitigar los riesgos asociados a los sistemas de IA, garantizando que se utilicen de forma responsable y ética. A medida que la IA siga avanzando e integrándose en diversos aspectos de la sociedad, garantizar la transparencia y la rendición de cuentas será crucial para aprovechar sus beneficios y minimizar al mismo tiempo sus posibles daños.

Colaboración internacional para la regulación de la IA

La colaboración internacional es crucial para la regulación eficaz de las tecnologías de inteligencia artificial. Dada la naturaleza global del desarrollo y el despliegue de la IA, es esencial un enfoque unificado de la regulación para garantizar la consistencia y la coherencia a través de las fronteras. Los países deben colaborar para establecer normas y directrices comunes que puedan regir el uso ético de la IA, proteger la privacidad de los usuarios y mitigar los riesgos potenciales asociados a estas tecnologías. Fomentando la colaboración internacional, los responsables políticos pueden crear un entorno normativo más predecible que fomente la innovación, salvaguardando al mismo tiempo el bienestar de la sociedad. Una ventaja clave de la colaboración internacional en la regulación de la IA es la posibilidad de compartir las mejores prácticas y las lecciones aprendidas. Los distintos países pueden tener distintos niveles de conocimientos y experiencia en la regulación de las tecnologías de

IA, y trabajando juntos pueden aprovechar los conocimientos de los demás para desarrollar marcos reguladores más eficaces. Esto puede ayudar a evitar la duplicación de esfuerzos y garantizar que las normativas se basen en pruebas y experiencias, en lugar de en el ensayo y error. La colaboración internacional puede permitir a los países abordar retos comunes de forma coordinada, como evitar la discriminación impulsada por la IA o garantizar la transparencia en los procesos de toma de decisiones sobre IA. La colaboración internacional puede ayudar a generar confianza y credibilidad en las tecnologías de IA, demostrando un compromiso con los principios éticos y los valores sociales. Al alinearse en torno a unas normas comunes para la regulación de la IA, los países pueden enviar una señal clara al público y a la industria de que se toman en serio el desarrollo y el despliegue responsables de la IA. Esto puede ayudar a fomentar una mayor confianza en las tecnologías de IA y favorecer su aceptación y adopción por parte de usuarios y empresas. Trabajando juntos en la regulación de la IA, los países pueden construir un marco regulador más sólido y resistente que promueva la innovación y proteja al mismo tiempo a las personas y a la sociedad en su conjunto.

XVIII. LA IA Y AUMENTO HUMANO

Los avances en inteligencia artificial han llevado a la integración de tecnologías de aumento humano que pretenden mejorar las capacidades y el rendimiento humanos. La sinergia entre la IA y el aumento humano tiene el potencial de revolucionar diversas industrias y campos, creando un nuevo paradigma en el que humanos y máquinas trabajan juntos para lograr resultados óptimos. Aprovechando tecnologías de IA como el aprendizaje automático y las redes neuronales, las herramientas de aumento humano pueden analizar grandes cantidades de datos para proporcionar ideas y recomendaciones personalizadas, permitiendo a las personas tomar decisiones informadas y mejorar sus habilidades y capacidades. Un ejemplo destacado de la fusión entre la IA y el aumento humano es el desarrollo de exoesqueletos que pueden amplificar la fuerza y la resistencia humanas. Estos dispositivos robóticos portátiles utilizan algoritmos de IA para interpretar los movimientos del usuario y proporcionarle la ayuda necesaria para mejorar su rendimiento físico. Al aprovechar los sensores y actuadores impulsados por la IA, los exoesqueletos pueden adaptarse en tiempo real a las necesidades del usuario, ofreciendo asistencia en tareas que requieren precisión y control. Esta integración perfecta entre usuarios humanos y máquinas inteligentes demuestra el potencial de la IA para aumentar las capacidades humanas y redefinir los límites de lo posible. La convergencia de la IA y el aumento humano también plantea consideraciones éticas sobre las implicaciones de mejorar las capacidades humanas por medios tecnológicos. A medida que estas tecnologías se generalizan y se hacen más accesibles, surgen cuestiones relativas a la equidad, la privacidad y el consentimiento en el uso de herramientas de aumento humano impulsadas por IA. Es esencial establecer marcos y normativas éticos sólidos para garantizar que la integración de la IA y el aumento humano se lleve a cabo de forma responsable y ética, dando prioridad al bienestar y la autonomía de las personas. Al abordar estos retos éticos de forma proactiva, la sociedad puede aprovechar todo el potencial de la IA y el aumento humano para mejorar el rendimiento humano y la calidad de vida, al tiempo que defiende los valores y principios fundamentales.

Integración de la IA con las capacidades humanas

A medida que la tecnología sigue avanzando, la integración de la inteligencia artificial con las capacidades humanas se ha convertido en un destacado tema de debate. Esta fusión de IA y capacidades humanas tiene el potencial de revolucionar diversas industrias y aspectos de la vida cotidiana. Uno de los aspectos clave de esta integración es el desarrollo de asistentes virtuales, como Siri, Alexa y Google Assistant, que se han convertido en herramientas indispensables para ayudar a las personas a realizar tareas de forma más eficiente. Estos asistentes virtuales han evolucionado desde simples herramientas de reconocimiento de voz a sofisticados programas capaces de comprender y responder a órdenes complejas, difuminando las líneas entre la interacción humana y la de las máquinas. La progresión de los asistentes virtuales a los robots autónomos marca la próxima frontera de la tecnología de IA. Los robots autónomos, dotados de la capacidad de funcionar de forma independiente y tomar decisiones basadas en su programación y entorno, se utilizan cada vez más en sectores como el transporte, la fabricación y la sanidad. Estos robots tienen el potencial de agilizar los procesos, aumentar la eficacia y reducir el riesgo de error humano en diversas industrias. El desarrollo de robots autónomos también plantea retos éticos y tecnológicos que deben abordarse para garantizar su integración segura y responsable en la sociedad. La integración de la IA con las capacidades humanas no está exenta de complejidades e implicaciones. A medida que los robots autónomos se hacen más frecuentes en nuestra vida cotidiana, es esencial considerar los beneficios y riesgos potenciales asociados a su adopción generalizada. Desde la mejora de la eficiencia empresarial hasta la transformación de la asistencia sanitaria, el impacto de la integración de la IA seguirá remodelando la forma en que se realizan las tareas y se toman las decisiones. Mientras navegamos por este paisaje en evolución, es crucial encontrar un equilibrio entre la innovación tecnológica y las consideraciones éticas para garantizar que la IA mejore las capacidades humanas, salvaguardando al mismo tiempo la privacidad, la seguridad y los valores sociales.

Implicaciones éticas de la colaboración entre humanos e IA

A medida que la colaboración entre humanos e IA se hace más frecuente en diversos campos, hay varias implicaciones éticas que deben considerarse cuidadosamente. Una preocupación importante es la cuestión de la rendición de cuentas y la responsabilidad. Cuando los sistemas de IA toman decisiones o realizan tareas junto con los humanos, puede resultar difícil determinar quién es el responsable último cuando algo sale mal. Esta difuminación de los límites entre la agencia humana y la autonomía de la IA plantea cuestiones sobre la responsabilidad y la asignación de responsabilidades en casos de error o daño causado por la IA. Establecer directrices y marcos claros para atribuir la responsabilidad en las colaboraciones entre humanos e IA es crucial para garantizar la toma de decisiones éticas y abordar los posibles problemas legales que puedan surgir. La colaboración entre humanos e IA también plantea problemas de privacidad y seguridad de los datos. A medida que los sistemas de IA recopilan y analizan grandes cantidades de datos para facilitar la colaboración con humanos, existe el riesgo de que se produzcan violaciones de la privacidad y accesos no autorizados a información sensible. Garantizar la protección de los datos personales y defender los derechos individuales a la intimidad son consideraciones esenciales en el desarrollo y despliegue de las tecnologías de IA. Alcanzar un equilibrio entre la necesidad de conocimientos basados en datos y los principios éticos de privacidad y confidencialidad es clave para mantener la confianza y la integridad en las interacciones entre humanos e IA. Aplicar medidas sólidas de protección de datos y prácticas transparentes de gobernanza de datos puede ayudar a mitigar estos riesgos y salvaguardar los derechos de las personas en la era de la colaboración en IA. Es necesario abordar las cuestiones de parcialidad y discriminación en la colaboración entre humanos e IA. Los sistemas de IA son tan imparciales y justos como los datos con los que se entrenan, lo que puede reflejar y perpetuar los sesgos y prejuicios sociales existentes. Cuando los humanos trabajan junto a las tecnologías de IA, existe el riesgo de amplificar e institucionalizar estos prejuicios en los procesos de toma de decisiones. Es crucial examinar críticamente y mitigar los prejuicios en los algoritmos de IA y garantizar que las colaboraciones entre humanos e IA promuevan la justicia, la equidad y la inclusión. La aplicación de mecanismos de detección de prejuicios, la diversificación de los conjuntos de datos y el fomento de perspectivas diversas en el desarrollo de la IA son pasos esenciales para avanzar en las consideraciones éticas en la colaboración entre humanos e IA y evitar resultados discriminatorios.

Perspectivas futuras de la integración persona-IA

El potencial de la integración de la IA y los humanos en el futuro es tan prometedor como complejo. A medida que los asistentes virtuales siguen evolucionando, pasando de funcionalidades básicas a una comprensión más avanzada del lenguaje natural, las personas dependen cada vez más de los sistemas de IA para las tareas cotidianas. Es probable que esta tendencia continúe a medida que avance la tecnología, allanando el camino para interacciones más fluidas entre humanos y máquinas. La integración del aprendizaje automático y las redes neuronales ha mejorado significativamente las capacidades de los asistentes virtuales, permitiéndoles comprender y responder a órdenes complejas con mayor precisión, acortando aún más la distancia entre la comunicación humana y la comprensión de las máquinas. De cara al futuro, los robots autónomos representan la próxima frontera de la inteligencia artificial, ofreciendo una visión de un futuro en el que las máquinas inteligentes pueden operar de forma independiente en diversos contextos. Desde los vehículos autónomos que revolucionarán el transporte hasta los robots de limpieza que mejorarán las tareas domésticas, las aplicaciones potenciales de los robots autónomos son enormes. El desarrollo de robots autónomos no está exento de desafíos, con consideraciones tecnológicas y éticas que pasan a primer plano. A medida que la sociedad adopte estas tecnologías avanzadas, habrá que abordar las cuestiones relativas a la seguridad, la responsabilidad y el desplazamiento de puestos de trabajo para garantizar una integración responsable y ética de los robots autónomos en nuestra vida cotidiana. A pesar de las inevitables incertidumbres y retos que conlleva la creciente integración de la IA en la sociedad humana, el futuro de la inteligencia artificial es inmensamente prometedor para diversas industrias y sectores. A medida que se generalicen los robots autónomos, su impacto en la eficacia, la productividad y la innovación de las empresas será profundo. Los beneficios potenciales de la adopción generalizada de la IA son significativos, pero es crucial considerar cuidadosamente los riesgos y las implicaciones éticas. Para navegar por este panorama en evolución, es imperativo que los responsables políticos, los líderes industriales y el público colaboren en la configuración de un futuro que maximice los beneficios de la integración de la IA y, al mismo tiempo, se proteja de los posibles escollos.

XIX. LA IA Y LA SEGURIDAD MUNDIAL

El desarrollo de la inteligencia artificial ha suscitado una gran preocupación por la seguridad mundial. A medida que los sistemas de IA se hacen más avanzados y autónomos, crece el temor al posible uso indebido de esta tecnología con fines maliciosos. Una de las principales preocupaciones es el uso de la IA en la ciberguerra, donde sofisticados ataques impulsados por la IA podrían perturbar infraestructuras críticas, sistemas financieros y operaciones gubernamentales. La capacidad de la IA para analizar rápidamente grandes cantidades de datos y adaptar sus tácticas la convierte en una herramienta poderosa para las operaciones cibernéticas ofensivas y defensivas, lo que plantea un reto importante para los profesionales de la ciberseguridad de todo el mundo. El despliegue de robots autónomos en operaciones militares también ha suscitado debates en torno a las implicaciones éticas de utilizar máquinas para tomar decisiones de vida o muerte. El desarrollo de sistemas de armamento autónomos, capaces de identificar y atacar objetivos sin intervención humana, suscita preocupación por la posibilidad de asesinatos accidentales, la escalada de los conflictos y la erosión del control humano sobre la guerra. La falta de normas y directrices claras sobre el uso de la IA en los sistemas de armamento complica aún más la cuestión, lo que lleva a pedir tratados internacionales que prohíban o restrinjan el uso de armas autónomas para evitar carreras armamentísticas desestabilizadoras y la violencia indiscriminada. En respuesta a estos retos, cada vez se reconoce más la necesidad de esfuerzos de colaboración entre gobiernos, organizaciones internacionales y empresas tecnológicas para establecer marcos para el desarrollo y despliegue responsables de las tecnologías de IA. Las directrices éticas, las medidas de transparencia y los mecanismos de rendición de cuentas son esenciales para garantizar que la IA se utilice de forma que defienda los derechos humanos fundamentales, promueva la paz y mejore la seguridad mundial. Fomentando el diálogo y la cooperación sobre la gobernanza de la IA, las partes interesadas pueden colaborar para aprovechar el potencial de la IA para lograr avances positivos, mitigando al mismo tiempo sus riesgos y salvaguardando el futuro de la humanidad.

IA en Ciberseguridad

La inteligencia artificial se ha convertido en una herramienta esencial en el campo de la ciberseguridad, revolucionando la forma en que las organizaciones protegen sus activos digitales. Al aprovechar las tecnologías de IA, los profesionales de la seguridad pueden detectar y responder a las amenazas en tiempo real, lo que permite un enfoque proactivo de la ciberseguridad en lugar de reactivo. Una de las principales ventajas de la IA en la ciberseguridad es su capacidad para analizar grandes cantidades de datos con rapidez y precisión, identificando amenazas potenciales que pueden pasar desapercibidas a las medidas de seguridad tradicionales. Esto no sólo mejora la postura general de seguridad de una organización, sino que también ayuda a mitigar los riesgos y a prevenir posibles brechas antes de que se produzcan. Las soluciones de ciberseguridad basadas en IA pueden adaptarse y evolucionar en función de las nuevas amenazas y tendencias, aprendiendo y mejorando constantemente sus capacidades de detección. Este nivel de adaptabilidad es crucial en el panorama actual de amenazas en constante evolución, donde los ciberataques son cada vez más sofisticados y frecuentes. La IA puede automatizar las tareas rutinarias de seguridad, liberando a los analistas humanos para que se centren en iniciativas e investigaciones más estratégicas. Al agilizar las operaciones y mejorar la eficiencia, las organizaciones pueden defenderse mejor contra las ciberamenazas, al tiempo que optimizan sus recursos de forma eficaz. La integración de la IA en la ciberseguridad está allanando el camino para el desarrollo de sistemas de defensa autónomos que puedan identificar, responder y neutralizar proactivamente las amenazas sin intervención humana. Este nivel de autonomía no sólo mejora la velocidad y precisión de la detección de amenazas, sino que también reduce el tiempo de respuesta a los incidentes, minimizando el impacto potencial de los ciberataques. A medida que las organizaciones siguen confiando en la IA para la ciberseguridad, es crucial abordar las consideraciones éticas y garantizar que dichas tecnologías se despliegan de forma responsable para mantener la transparencia, la responsabilidad y la integridad en la protección de datos e información sensibles.

Sistemas de armas autónomos

A medida que los sistemas de armas autónomas siguen ganando atención en el ámbito de la inteligencia artificial, han surgido preocupaciones éticas en torno a su uso y desarrollo. El concepto de sistemas de armas autónomas se refiere a armas que pueden funcionar sin intervención humana directa, tomando decisiones de forma independiente basadas en algoritmos preprogramados. Esto plantea cuestiones sobre la responsabilidad y la posible pérdida de control humano sobre la fuerza letal, lo que podría tener consecuencias importantes en situaciones de conflicto. El rápido avance de la tecnología en este campo también hace necesaria una normativa internacional que garantice el despliegue y uso responsables de los sistemas de armas autónomas. Uno de los principales retos asociados a los sistemas de armas autónomas es el dilema ético de asignar poder de decisión a las máquinas en escenarios de vida o muerte. La capacidad de estos sistemas para reaccionar más rápidamente que los humanos y entrar potencialmente en combate sin supervisión humana suscita preocupación por las consecuencias imprevistas y el potencial de escalada. La falta de inteligencia emocional y de capacidad de razonamiento moral en las máquinas complica aún más las consideraciones éticas de permitir que los sistemas de armas autónomos tomen decisiones críticas en entornos complejos y dinámicos. Por ello, el desarrollo de marcos y directrices éticos sólidos es crucial para mitigar los riesgos asociados a los sistemas de armas autónomos. La proliferación de sistemas de armas autónomas tiene implicaciones que van más allá del campo de batalla y se extienden al ámbito de la seguridad nacional y la estabilidad mundial. El potencial de uso de estos sistemas en la guerra asimétrica, el terrorismo y otras actividades de actores no estatales aumenta lo que está en juego para los responsables políticos y los actores internacionales. La necesidad de colaboración y diálogo a escala mundial para abordar los retos éticos, jurídicos y de seguridad que plantean los sistemas de armas autónomas es primordial. Fomentando la transparencia, la responsabilidad y la innovación responsable, la comunidad internacional puede trabajar para aprovechar los beneficios de los sistemas de armas autónomas, mitigando al mismo tiempo los riesgos asociados para la humanidad.

Acuerdos Internacionales sobre Armas de IA

La comunidad internacional se enfrenta a la acuciante necesidad de abordar la cuestión del emplazamiento de armas de IA mediante acuerdos globales. A medida que la inteligencia artificial sigue avanzando, la posibilidad de que se desarrollen y desplieguen armas autónomas plantea importantes problemas éticos y de seguridad. Los acuerdos internacionales son cruciales para establecer directrices y normativas claras sobre el uso de la IA en armamento, a fin de evitar consecuencias imprevistas y garantizar la rendición de cuentas por cualquier uso indebido. Al fomentar la cooperación y establecer normas comunes, estos acuerdos pueden ayudar a mitigar los riesgos asociados al armamento de IA y promover el desarrollo y despliegue responsables de estas tecnologías a escala mundial. Un aspecto clave que deben abordar los acuerdos internacionales sobre el emplazamiento de armas de IA es la necesidad de transparencia y responsabilidad en el desarrollo y despliegue de armas autónomas. A medida que los sistemas de IA se vuelven más sofisticados y autónomos, resulta cada vez más difícil predecir su comportamiento en entornos complejos y dinámicos. Esta falta de previsibilidad suscita preocupación por la posibilidad de que las armas impulsadas por IA actúen de forma independiente y tomen decisiones que pueden no coincidir con las intenciones humanas. Los acuerdos internacionales pueden proporcionar un marco para garantizar que los desarrolladores y usuarios de armas de IA rindan cuentas de las acciones de estos sistemas, promoviendo así una mayor transparencia y supervisión en el uso de dichas tecnologías. Los acuerdos internacionales sobre el emplazamiento de armas de IA también deberían centrarse en el establecimiento de protocolos claros para el uso ético de las armas autónomas. El despliegue de armas impulsadas por IA plantea profundas cuestiones éticas sobre el valor inherente de la vida humana, los principios de proporcionalidad y distinción en la guerra, y la responsabilidad de los individuos y los Estados por las consecuencias de sus actos. Al establecer directrices y normas éticas, los acuerdos internacionales pueden ayudar a configurar el desarrollo y el despliegue de armas autónomas de forma que se respeten los derechos humanos y se promueva el cumplimiento del derecho internacional humanitario. Al hacerlo, estos acuerdos pueden contribuir a fomentar un enfoque más ético y basado en principios del uso de la IA en el armamento, al tiempo que ayudan a fomentar la confianza entre las naciones de la comunidad mundial.

XX. LA COMPUTACIÓN CUÁNTICA EN LA IA

Muchos expertos creen que la informática cuántica es la clave para hacer avanzar significativamente las capacidades de la inteligencia artificial. La informática cuántica utiliza fenómenos de la mecánica cuántica, como la superposición y el entrelazamiento, para realizar cálculos a un ritmo mucho más rápido que los ordenadores clásicos. Esta mayor velocidad de cálculo podría revolucionar el campo de la IA al permitir el desarrollo de algoritmos más complejos y potentes. Con la computación cuántica, los sistemas de IA podrían procesar cantidades ingentes de datos en tiempo real, lo que permitiría realizar predicciones más precisas y procesos de toma de decisiones más inteligentes. La computación cuántica puede mejorar los algoritmos de aprendizaje automático en los que se basan muchas aplicaciones de IA. Aprovechando los algoritmos cuánticos, los modelos de IA podrían entrenarse de forma más eficiente y eficaz, permitiendo una optimización y despliegue más rápidos de las soluciones de IA. Esta sinergia entre la computación cuántica y la IA podría abrir nuevas posibilidades en diversos sectores, como la sanidad, las finanzas y la ciberseguridad. A medida que la computación cuántica siga madurando y haciéndose más accesible, se espera que la integración de las tecnologías cuánticas con la IA impulse una rápida innovación y transforme las capacidades de los sistemas inteligentes. La combinación de la computación cuántica y la IA podría abordar algunas de las limitaciones y retos actuales a los que se enfrentan los enfoques tradicionales de la IA. La IA cuántica podría permitir a los investigadores abordar problemas que actualmente son intratables con los ordenadores clásicos, como la optimización de sistemas complejos y la realización de análisis de datos de alta dimensión. Esta convergencia de la computación cuántica y la IA representa un cambio de paradigma en el campo de la inteligencia artificial, que promete desbloquear nuevos niveles de inteligencia y capacidad de resolución de problemas que antes se consideraban imposibles. A medida que los investigadores sigan explorando el potencial de la computación cuántica en la IA, se espera que surjan avances e innovaciones apasionantes, que darán forma al futuro de los sistemas inteligentes.

Fundamentos de la Computación Cuántica

Los avances tecnológicos han allanado el camino para que la informática cuántica surja como un campo revolucionario en el ámbito de la inteligencia artificial. A diferencia de los ordenadores clásicos, que funcionan con bits representados como un 0 o un 1, los ordenadores cuánticos utilizan qubits que pueden existir en una superposición de estados, lo que permite el procesamiento paralelo y la aceleración exponencial de los cálculos complejos. Esta diferencia fundamental en la capacidad de procesamiento abre nuevas posibilidades para resolver problemas intrincados que están fuera del alcance de los ordenadores convencionales. El núcleo de la informática cuántica es el principio de superposición, según el cual los qubits pueden existir en varios estados simultáneamente hasta que se miden. Esta propiedad permite a los ordenadores cuánticos realizar cálculos a escala masiva con una eficacia sin precedentes, lo que los hace idóneos para abordar retos en criptografía, optimización y descubrimiento de fármacos. El entrelazamiento, otra característica clave de la mecánica cuántica, permite que los qubits estén correlacionados de tal forma que el estado de un qubit puede afectar instantáneamente al estado de otro, proporcionando una poderosa herramienta para el procesamiento de la información y la comunicación. El desarrollo de algoritmos cuánticos, como el algoritmo de Shor para la factorización y el algoritmo de Grover para la búsqueda, ha demostrado el potencial de la informática cuántica para revolucionar diversas industrias y campos. A medida que la investigación y los avances en tecnología cuántica sigan progresando, el futuro promete avances aún mayores en IA. Desde la mejora de los algoritmos de aprendizaje automático hasta la aceleración de simulaciones complejas, la integración de la computación cuántica en los sistemas de IA está preparada para marcar el comienzo de una nueva era de innovación y descubrimiento, dando forma al panorama de la inteligencia artificial en los años venideros.

Algoritmos de aprendizaje automático cuántico

Los algoritmos de aprendizaje automático cuántico representan una frontera apasionante en el campo de la inteligencia artificial, pues ofrecen la posibilidad de avances exponenciales en potencia de cálculo y capacidad de procesamiento de datos. Al aprovechar los principios de la mecánica cuántica, estos algoritmos pueden abordar problemas complejos que están más allá de las capacidades de los modelos clásicos de aprendizaje automático. El aprendizaje automático cuántico aprovecha las propiedades únicas de los sistemas cuánticos, como la superposición y el entrelazamiento, para realizar cálculos a una velocidad que supera a la de los ordenadores clásicos, allanando el camino para avances sin precedentes en la investigación y la aplicación de la IA. Una de las principales ventajas de los algoritmos cuánticos de aprendizaje automático es su capacidad para manejar grandes cantidades de datos y realizar cálculos paralelos con eficacia. Los algoritmos tradicionales de aprendizaje automático se enfrentan a limitaciones en el procesamiento de grandes conjuntos de datos debido a la naturaleza secuencial de la computación clásica, pero los algoritmos cuánticos pueden explotar el paralelismo cuántico para analizar simultáneamente múltiples puntos de datos. Esta capacidad de procesamiento paralelo permite a los modelos de aprendizaje automático cuántico descubrir intrincados patrones y correlaciones en los datos que, de otro modo, permanecerían ocultos, lo que conduce a predicciones y conocimientos más precisos en diversos sectores. El aprendizaje automático cuántico promete mejorar el rendimiento de las tecnologías de IA existentes, como el aprendizaje profundo y el aprendizaje por refuerzo. Al integrar los principios de la computación cuántica en estos marcos, los investigadores pueden acelerar potencialmente los procesos de entrenamiento, optimizar la eficacia de los modelos y ampliar el alcance de las aplicaciones de la IA. A medida que la computación cuántica sigue avanzando, la sinergia entre la mecánica cuántica y el aprendizaje automático está a punto de revolucionar el panorama de la IA, impulsando la innovación en áreas que van desde los sistemas autónomos al análisis avanzado de datos. El desarrollo de algoritmos cuánticos de aprendizaje automático representa un cambio de paradigma que podría configurar el futuro de la inteligencia artificial e impulsarnos hacia la próxima era de la evolución tecnológica.

Redes neuronales cuánticas

El avance de la inteligencia artificial ha dado un salto significativo con la aparición de las redes neuronales cuánticas. Estas redes funcionan aprovechando los principios de la mecánica cuántica para procesar la información a un nivel muy superior al de los métodos informáticos tradicionales. A diferencia de las redes neuronales clásicas, que se basan en el procesamiento de datos binarios, las redes neuronales cuánticas aprovechan los complejos fenómenos de superposición y entrelazamiento para realizar cálculos exponencialmente más rápidos. Este enfoque revolucionario tiene el potencial de revolucionar el campo de la inteligencia artificial al permitir el desarrollo de modelos de aprendizaje más potentes y eficientes. Una de las principales ventajas de las redes neuronales cuánticas es su capacidad para manejar grandes cantidades de datos y cálculos complejos en una fracción del tiempo que necesitan los ordenadores clásicos. Esto abre nuevas posibilidades para resolver problemas muy intrincados en campos como la criptografía, la optimización y el reconocimiento de patrones. Al explotar las propiedades inherentes de la física cuántica, estas redes pueden alcanzar niveles de exactitud y precisión sin precedentes en el análisis de datos y los procesos de toma de decisiones. Como resultado, las redes neuronales cuánticas tienen el potencial de impulsar grandes avances en la investigación y las aplicaciones de la IA, allanando el camino hacia sistemas inteligentes más sofisticados. A pesar del inmenso potencial de las redes neuronales cuánticas, su desarrollo está aún en sus primeras fases, enfrentándose a retos como la escalabilidad, las tasas de error y la necesidad de hardware especializado. La investigación en curso y los avances en la tecnología de la computación cuántica están superando constantemente estos obstáculos, acercándonos a la realización de todo el potencial de este enfoque vanguardista de la inteligencia artificial. A medida que las redes neuronales cuánticas siguen evolucionando y madurando, tienen el potencial de redefinir las capacidades de los sistemas de IA, abriendo nuevas fronteras a la innovación y revolucionando la forma en que interactuaremos con la tecnología en el futuro.

XXI. LA IA EXPLICABLE EN LOS SISTEMAS AUTÓNOMOS

A medida que los sistemas autónomos se van imponiendo en diversos sectores, el concepto de IA explicable ha adquirido una importancia significativa. La IA explicable se centra en hacer que el proceso de toma de decisiones de los sistemas autónomos sea transparente y comprensible para los humanos. Mediante algoritmos transparentes y una lógica clara, los robots autónomos pueden dar explicaciones de sus acciones, aumentando la confianza y la aceptación entre los usuarios. Esto es especialmente crucial en aplicaciones en las que están en juego vidas humanas, como los vehículos autónomos o los robots médicos. Uno de los principales retos para conseguir una IA explicable en los sistemas autónomos consiste en equilibrar la necesidad de transparencia con la complejidad de los algoritmos implicados. Como los robots autónomos se basan en intrincados modelos de aprendizaje automático y redes neuronales para tomar decisiones, traducir estos procesos en explicaciones comprensibles puede ser una tarea desalentadora. Los investigadores están explorando técnicas innovadoras, como modelos de aprendizaje automático interpretables y herramientas de visualización interactivas, para mejorar la interpretabilidad de los sistemas autónomos sin comprometer su rendimiento. Una IA explicable en los sistemas autónomos no sólo es vital para generar confianza en los usuarios, sino también para garantizar la responsabilidad y la ética en los procesos de toma de decisiones. Al proporcionar explicaciones claras de sus acciones, los robots autónomos pueden permitir a los humanos intervenir cuando sea necesario y evitar resultados potencialmente perjudiciales. Implantar una IA explicable en los sistemas autónomos es un paso importante hacia la creación de tecnologías responsables y fiables que puedan coexistir armoniosamente con los humanos en diversos ámbitos.

Importancia de la IA explicable en los robots autónomos

La importancia de la IA explicable en los robots autónomos no puede exagerarse en el panorama tecnológico actual. Como estos robots están diseñados para funcionar de forma autónoma en diversos entornos, es crucial que los usuarios comprendan cómo toman decisiones y el razonamiento que hay detrás de sus acciones. Tener transparencia en el proceso de toma de decisiones de los robots autónomos es esencial para generar confianza en los usuarios y garantizar que sus acciones se ajustan a las normas éticas y morales. La IA explicable permite a los humanos comprender la lógica que subyace a las decisiones tomadas por estos robots, lo que conduce a una mejor aceptación y cooperación entre el hombre y la máquina. La IA explicable desempeña un papel fundamental en la detección de errores y la resolución de problemas en los robots autónomos. Al proporcionar información sobre el proceso de toma de decisiones, los ingenieros y desarrolladores pueden identificar posibles problemas o sesgos que puedan surgir en el comportamiento del robot. Esta transparencia permite intervenir a tiempo y mejorar el sistema, lo que conduce a un rendimiento más fiable y eficiente. La IA explicable ayuda a mejorar la seguridad general de los robots autónomos, permitiendo a los operarios comprender la causa de cualquier fallo o error que se produzca durante el funcionamiento. La IA explicable contribuye al cumplimiento de la normativa y a la responsabilidad en el despliegue de robots autónomos. Con explicaciones claras de cómo se toman las decisiones, resulta más fácil garantizar que estos robots cumplen las normas legales y éticas de los distintos sectores. Al promover la transparencia y la responsabilidad, la IA explicable puede mitigar los riesgos potenciales y los impactos negativos que los robots autónomos pueden suponer para la sociedad. Integrar la IA explicable en los robots autónomos es crucial para fomentar la confianza, mejorar el rendimiento, garantizar la seguridad y defender las normas éticas en el desarrollo y despliegue de estas tecnologías avanzadas.

Técnicas para Modelos Interpretables de IA en Robótica

A medida que el campo de la robótica sigue avanzando, la demanda de modelos de IA interpretables es cada vez más crucial. Técnicas como la inteligencia artificial explicable (XAI) permiten comprender cómo toman decisiones los modelos de IA, aumentando la transparencia y la confianza en los sistemas autónomos. Mediante el uso de herramientas de visualización, los investigadores pueden interpretar modelos complejos de aprendizaje profundo, facilitando la comprensión del razonamiento que subyace a las decisiones de las máquinas. Esta interpretabilidad no sólo mejora la fiabilidad de los robots, sino que también garantiza su integración segura en diversos ámbitos, como la sanidad, la fabricación y el transporte. Otra técnica eficaz para crear modelos de IA interpretables en robótica es el uso de sistemas basados en reglas. Estos sistemas se basan en reglas predefinidas que rigen el comportamiento de los robots, lo que permite a los diseñadores codificar el conocimiento y la experiencia humanos en el proceso de toma de decisiones. Al combinar el razonamiento simbólico con el aprendizaje automático, los enfoques basados en reglas permiten a los robots explicar sus acciones de forma clara y fácilmente comprensible. Esta transparencia es crucial en escenarios en los que los operadores humanos necesitan comprender y confiar en las decisiones tomadas por los sistemas autónomos, garantizando una colaboración eficaz entre humanos y robots en entornos complejos. Incorporar los comentarios humanos al proceso de entrenamiento de los modelos de IA puede mejorar significativamente la interpretabilidad en robótica. Al implicar a los humanos en el bucle, los investigadores pueden recabar información sobre el proceso de toma de decisiones de los robots y perfeccionar sus algoritmos basándose en la información del mundo real. Este enfoque iterativo no sólo mejora el rendimiento de los modelos de IA, sino que también aumenta su interpretabilidad al incorporar la intuición y el contexto humanos. A medida que los robots se integran más en la vida cotidiana, la capacidad de comprender e interpretar el comportamiento de las máquinas se hace esencial para garantizar una interacción fluida entre los seres humanos y los sistemas autónomos.

Aplicaciones en Sistemas de Toma de Decisiones Críticas para Robots Autónomos

A medida que los robots autónomos siguen superando los límites de la inteligencia artificial, ofrecen multitud de aplicaciones en sistemas críticos de toma de decisiones. Estas sofisticadas máquinas están diseñadas para funcionar de forma independiente, utilizando algoritmos complejos y entradas sensoriales para navegar e interactuar con su entorno. En sectores como la sanidad, los robots autónomos pueden ayudar en cirugías, suministro de fármacos y atención al paciente, tomando decisiones en tiempo real basadas en el análisis de datos y el aprendizaje automático. En logística, estos robots pueden optimizar las operaciones de almacén, la gestión de inventarios y los servicios de entrega, mejorando la eficiencia y reduciendo los errores humanos. La capacidad de los robots autónomos para tomar decisiones críticas en entornos dinámicos e impredecibles está reconfigurando sectores como la agricultura, la seguridad y la fabricación. En la agricultura, pueden plantar y cosechar cultivos de forma autónoma, controlar las condiciones del suelo y detectar plagas, revolucionando las prácticas agrícolas y maximizando el rendimiento de las cosechas. En el sector de la seguridad, los robots autónomos pueden patrullar zonas de alto riesgo, detectar intrusos y responder a emergencias a tiempo, mejorando la seguridad pública y reduciendo el riesgo humano. En la fabricación, estos robots pueden agilizar los procesos de producción, realizar tareas repetitivas con precisión y adaptarse a los cambios en las demandas de producción, aumentando la productividad y reduciendo los costes operativos. A medida que los robots autónomos se integran más en nuestra vida cotidiana y en las industrias, surgen consideraciones éticas y retos tecnológicos. Cuestiones como la privacidad de los datos, las vulnerabilidades de seguridad y el desplazamiento de puestos de trabajo deben abordarse cuidadosamente para garantizar el desarrollo y despliegue responsables de los robots autónomos. Es crucial que los responsables políticos, los tecnólogos y los especialistas en ética colaboren en el establecimiento de normativas y marcos éticos que promuevan el uso seguro y ético de los robots autónomos, maximizando al mismo tiempo su potencial para mejorar los procesos de toma de decisiones en diversos sectores.

XXII. LA IA EN LA AGRICULTURA

Los avances en inteligencia artificial han allanado el camino para aplicaciones transformadoras en diversas industrias, incluida la agricultura. La integración de las tecnologías de IA en la agricultura ha revolucionado las prácticas agrícolas tradicionales, mejorando la eficiencia, la productividad y la sostenibilidad. Una de las áreas clave en las que la IA ha tenido un impacto significativo es en la supervisión y gestión de los cultivos. Mediante el uso de sensores, drones e imágenes por satélite, los algoritmos de IA pueden analizar datos sobre la salud de los cultivos, las condiciones del suelo y los patrones meteorológicos para proporcionar información en tiempo real a los agricultores. Esto permite a los agricultores tomar decisiones basadas en datos para optimizar el rendimiento de las cosechas y minimizar el despilfarro de recursos. Además de la vigilancia de los cultivos, las soluciones basadas en la IA también se utilizan para la agricultura de precisión, lo que permite a los agricultores aplicar tratamientos específicos basados en un análisis preciso de los datos. Los algoritmos de aprendizaje automático pueden analizar grandes cantidades de datos para predecir el rendimiento de los cultivos, detectar enfermedades a tiempo y optimizar los programas de riego. Esto no sólo mejora la eficiencia general de las operaciones agrícolas, sino que también reduce el impacto medioambiental al minimizar el uso de agua, pesticidas y fertilizantes. Se están desarrollando sistemas robóticos impulsados por IA para automatizar tareas como la siembra, la escarda y la cosecha, reduciendo la necesidad de mano de obra y aumentando la escalabilidad de las operaciones agrícolas. La integración de la IA en la agricultura tiene un gran potencial para abordar los retos de la seguridad alimentaria, el cambio climático y la escasez de recursos. Aprovechando el poder de las tecnologías de IA, los agricultores pueden optimizar sus operaciones, aumentar la sostenibilidad y garantizar un suministro de alimentos más fiable para la creciente población mundial. La adopción generalizada de la IA en la agricultura también plantea cuestiones sobre la privacidad de los datos, la ética y el posible desplazamiento de mano de obra. Es crucial que los responsables políticos, los investigadores y las partes interesadas de la industria colaboren y aborden estos retos para maximizar los beneficios de la IA al tiempo que se mitigan los riesgos potenciales.

Agricultura de precisión con IA

A medida que la inteligencia artificial sigue avanzando, la agricultura de precisión puede beneficiarse significativamente de la integración de las tecnologías de IA. La IA puede revolucionar la forma en que los agricultores analizan los datos, optimizan los recursos y toman decisiones informadas para mejorar la productividad agrícola. Utilizando algoritmos de IA y modelos de aprendizaje automático, los agricultores pueden recopilar y procesar grandes cantidades de datos procedentes de sensores, drones y satélites para controlar la salud de los cultivos, predecir el rendimiento y aplicar fertilizantes y pesticidas con mayor eficacia. Este nivel de precisión permite a los agricultores minimizar los residuos, reducir el impacto medioambiental y aumentar el rendimiento general de los cultivos, lo que en última instancia conduce a un sector agrícola más sostenible y productivo. La agricultura de precisión impulsada por la IA puede permitir a los agricultores aplicar procesos de supervisión en tiempo real y de toma de decisiones automatizada, reduciendo la necesidad de mano de obra y aumentando la eficacia operativa. Los vehículos agrícolas autónomos equipados con tecnología de IA pueden navegar de forma autónoma por los campos, realizar tareas como plantar, cosechar y fumigar, e incluso detectar y tratar enfermedades o plagas de los cultivos sin intervención humana. Este nivel de autonomía no sólo ahorra tiempo y costes de mano de obra a los agricultores, sino que también garantiza acciones oportunas y precisas para maximizar el rendimiento y la calidad de las cosechas. La IA puede ayudar a los agricultores a predecir las pautas meteorológicas, las tendencias del mercado y los brotes de enfermedades, permitiéndoles planificar y mitigar los riesgos con eficacia. La integración de la IA en la agricultura de precisión representa un paso importante hacia unas prácticas agrícolas sostenibles y eficientes. Aprovechando las tecnologías de IA, los agricultores pueden optimizar la asignación de recursos, reducir los residuos y mejorar el rendimiento de las cosechas, minimizando al mismo tiempo el impacto medioambiental. A medida que la IA sigue evolucionando, las posibilidades de mejorar la agricultura de precisión son infinitas, y ofrecen la posibilidad de aumentar la seguridad alimentaria, el crecimiento económico y la sostenibilidad medioambiental en el sector agrícola. Mediante la investigación, la innovación y la adopción continuas de soluciones de IA, el futuro de la agricultura de precisión con IA parece prometedor, allanando el camino para un enfoque más eficiente y sostenible de la agricultura en los próximos años.

Control y gestión de cultivos impulsados por IA

A medida que la tecnología sigue avanzando, la inteligencia artificial ha hecho grandes progresos en diversos campos, incluida la agricultura. La supervisión y gestión de los cultivos mediante IA es un enfoque revolucionario que aprovecha las tecnologías de vanguardia para optimizar las prácticas agrícolas y aumentar el rendimiento de los cultivos. Utilizando sofisticados algoritmos y modelos de aprendizaje automático, los agricultores pueden ahora controlar la salud de los cultivos, detectar enfermedades, predecir rendimientos y tomar decisiones basadas en datos en tiempo real. Este nivel de precisión y eficacia puede revolucionar los métodos agrícolas tradicionales y mejorar la productividad agrícola general. Un aspecto clave del control y la gestión de los cultivos impulsados por la IA es la capacidad de recopilar y analizar grandes cantidades de datos procedentes de múltiples fuentes, como imágenes por satélite, drones, estaciones meteorológicas y sensores. A continuación, estos datos se procesan mediante herramientas analíticas avanzadas para proporcionar información valiosa sobre las condiciones de los cultivos, la salud del suelo, el uso del agua y las infestaciones de plagas. Aprovechando el poder de la IA, los agricultores pueden acceder a información procesable que les permite optimizar la asignación de recursos, reducir los residuos y mitigar los riesgos con eficacia. Este enfoque proactivo no sólo mejora la calidad y el rendimiento de los cultivos, sino que también contribuye a unas prácticas agrícolas sostenibles al minimizar el impacto medioambiental. Los sistemas de control y gestión de cultivos impulsados por la IA pueden ayudar a los agricultores a tomar decisiones informadas que se ajusten a las demandas del mercado y a las preferencias de los consumidores. Al analizar las tendencias del mercado, el comportamiento de los consumidores y la dinámica de la cadena de suministro, las tecnologías de IA pueden aportar información valiosa sobre las estrategias de precios, los canales de distribución y el posicionamiento de los productos. Esta ventaja estratégica permite a los agricultores adaptarse rápidamente a las condiciones cambiantes del mercado, aprovechar las oportunidades emergentes y optimizar la generación de ingresos. El control y la gestión de los cultivos impulsados por la IA representan un cambio de paradigma en la agricultura, dotando a los agricultores de las herramientas y los conocimientos necesarios para navegar por un panorama industrial cada vez más complejo y competitivo.

Consideraciones éticas en las aplicaciones de IA para la agricultura sostenible

En el ámbito de la agricultura sostenible, la integración de aplicaciones de inteligencia artificial representa una vía prometedora para abordar retos clave como la gestión de recursos, la optimización de cultivos y la predicción del rendimiento. La adopción de la IA en la agricultura plantea importantes consideraciones éticas que deben abordarse cuidadosamente para garantizar el uso responsable y sostenible de la tecnología. Una preocupación ética gira en torno a la privacidad y la propiedad de los datos, ya que los sistemas de IA dependen en gran medida de grandes cantidades de datos recogidos de los agricultores y las explotaciones agrícolas. Salvaguardar estos datos del acceso no autorizado y del uso indebido es primordial para mantener la confianza de las partes interesadas del ecosistema agrícola. Otra consideración ética en el despliegue de la IA en la agricultura sostenible es la posibilidad de exacerbar las desigualdades sociales. A medida que las tecnologías de IA automatizan cada vez más diversas tareas y procesos de toma de decisiones en las explotaciones, existe el riesgo de ampliar la brecha digital entre las explotaciones comerciales a gran escala con acceso a herramientas avanzadas de IA y las explotaciones más pequeñas y con recursos limitados, que pueden quedar rezagadas. Garantizar un acceso equitativo a las tecnologías de IA y apoyar las iniciativas de desarrollo de capacidades para los agricultores de todas las escalas puede ayudar a mitigar estas disparidades y promover prácticas agrícolas inclusivas y sostenibles. La transparencia y la responsabilidad en el desarrollo y la aplicación de los sistemas de IA en la agricultura son esenciales para garantizar que las decisiones tomadas por estas tecnologías se ajustan a las normas éticas y a los valores sociales. El uso responsable de la IA en la agricultura sostenible requiere un diálogo y una colaboración continuos entre desarrolladores, responsables políticos, agricultores y otras partes interesadas para establecer directrices y marcos claros para el despliegue ético de la IA. Este enfoque colaborativo puede ayudar a abordar los retos éticos emergentes, como el sesgo algorítmico, la interpretabilidad de las recomendaciones basadas en la IA y el impacto general de la IA en las comunidades rurales y los ecosistemas. Fomentando una cultura de conciencia y responsabilidad éticas en las aplicaciones de la IA para la agricultura sostenible, podemos aprovechar el potencial transformador de la tecnología salvaguardando al mismo tiempo el bienestar de los agricultores, los consumidores y el medio ambiente.

XXIII. LA IA EN EL TRANSPORTE

Un ámbito significativo en el que la inteligencia artificial ha tenido un profundo impacto es el del transporte. La integración de las tecnologías de IA en los sistemas de transporte ha revolucionado la forma en que nos desplazamos y transportamos mercancías. Los vehículos autónomos, guiados por algoritmos de IA, tienen el potencial de mejorar la seguridad vial, reducir la congestión del tráfico y optimizar la eficiencia del combustible. Mediante el análisis de datos en tiempo real y el aprendizaje automático, la IA permite a los vehículos tomar decisiones en fracciones de segundo, lo que da lugar a redes de transporte más eficientes y fiables. El uso de la IA en el transporte no se limita a los vehículos autónomos, sino que también se extiende a los sistemas de gestión del tráfico, la planificación logística y el mantenimiento predictivo. Las soluciones basadas en IA pueden analizar grandes cantidades de datos para predecir patrones de tráfico, optimizar rutas y programar actividades de mantenimiento de forma proactiva. Aprovechando el poder de la IA, las empresas de transporte pueden agilizar las operaciones, reducir costes y mejorar la satisfacción del cliente. Las tecnologías de IA allanan el camino para el desarrollo de ciudades inteligentes, donde los sistemas de transporte interconectados facilitan una movilidad urbana fluida y eficiente. A pesar de los enormes beneficios que la IA aporta al sector del transporte, deben abordarse retos como la privacidad de los datos, la ciberseguridad y los marcos normativos para garantizar el uso seguro y ético de las tecnologías de IA. A medida que los vehículos autónomos se hacen más frecuentes en nuestras carreteras, los responsables políticos, las empresas y el público deben colaborar para establecer directrices y normas que den prioridad a la seguridad, la protección y la responsabilidad. La integración de la IA en el transporte tiene el potencial de revolucionar la forma en que transportamos personas y mercancías, conduciendo a un ecosistema de transporte más sostenible, eficiente e interconectado.

Vehículos autónomos e IA

Los avances en inteligencia artificial han allanado el camino para el desarrollo de los vehículos autónomos, una tecnología revolucionaria que promete transformar la industria del transporte. Los vehículos autónomos, también conocidos como coches que se conducen solos, aprovechan los algoritmos de IA para percibir su entorno, navegar por las carreteras y tomar decisiones en tiempo real sin intervención humana. Estos vehículos se basan en una combinación de sensores, cámaras, radares y tecnología Lidar para detectar obstáculos, interpretar las señales de tráfico y predecir los movimientos de otros vehículos en la carretera. Al integrar la IA en los vehículos autónomos, los fabricantes pretenden mejorar la seguridad vial, reducir la congestión del tráfico y mejorar la experiencia general de movilidad de los pasajeros. Uno de los principales retos en el desarrollo de vehículos autónomos es garantizar la solidez y fiabilidad de los algoritmos de IA en entornos de conducción complejos y dinámicos. Los vehículos autónomos deben estar equipados con sistemas de IA que puedan procesar grandes cantidades de datos en tiempo real, tomar decisiones en fracciones de segundo y adaptarse a situaciones imprevistas en la carretera. Esto requiere pruebas, validación y perfeccionamiento continuos de los modelos de IA para garantizar que los vehículos autónomos puedan funcionar con seguridad y eficacia en diversas condiciones de conducción. Las consideraciones éticas en torno a los vehículos autónomos, como la responsabilidad en caso de accidente y el impacto en el empleo en el sector del transporte, deben abordarse cuidadosamente para conseguir la aceptación y la confianza del público. A pesar de estos retos, los beneficios potenciales de los vehículos autónomos impulsados por IA son inmensos. Desde reducir los accidentes de tráfico y las muertes hasta mejorar la fluidez del tráfico y reducir las emisiones, los vehículos autónomos tienen el potencial de revolucionar la forma en que viajamos. A medida que las tecnologías de IA siguen avanzando y los marcos normativos evolucionan para abordar los problemas éticos y de seguridad, los vehículos autónomos están preparados para convertirse en parte integrante del futuro ecosistema del transporte. Al aprovechar el poder de la IA, los vehículos autónomos tienen el potencial de hacer que la movilidad urbana sea más sostenible, eficiente y accesible para las personas de todo el mundo.

Sistemas de gestión del tráfico con IA

Los sistemas de gestión del tráfico que incorporan inteligencia artificial han surgido como una solución prometedora para mejorar la seguridad vial, reducir la congestión y mejorar la eficiencia general del transporte. Utilizando algoritmos de IA y aprendizaje automático, estos sistemas pueden analizar datos de tráfico en tiempo real, predecir patrones de tráfico y optimizar el flujo de tráfico de forma dinámica y con capacidad de respuesta. Mediante la integración de sensores, cámaras y dispositivos conectados, los sistemas de gestión del tráfico con IA pueden adaptarse a las condiciones cambiantes del tráfico, dar prioridad a los vehículos de emergencia y facilitar una coordinación más fluida entre los distintos modos de transporte. Una ventaja clave de los sistemas de gestión del tráfico con IA es su capacidad no sólo de reaccionar ante incidentes de tráfico, sino también de predecir y prevenir proactivamente posibles atascos o accidentes. Aprovechando el análisis de datos y los modelos predictivos, estos sistemas pueden identificar pautas y tendencias en el comportamiento del tráfico, lo que permite aplicar estrategias de intervención temprana. Los algoritmos de IA pueden aprender de los datos históricos y mejorar continuamente sus procesos de toma de decisiones, dando lugar a estrategias de gestión del tráfico más precisas y eficientes a lo largo del tiempo. Esta capacidad de adaptación y autoaprendizaje diferencia a los sistemas de gestión del tráfico basados en IA de los sistemas tradicionales basados en reglas, y los hace idóneos para las complejidades de los entornos urbanos modernos. Además de optimizar el flujo de tráfico y mejorar la seguridad vial, los sistemas de gestión del tráfico basados en IA también pueden contribuir a reducir las emisiones y mejorar la sostenibilidad medioambiental. Al optimizar las señales de tráfico, la planificación de rutas y la velocidad de los vehículos, estos sistemas pueden ayudar a minimizar el consumo de combustible, reducir las emisiones de carbono y promover prácticas de transporte respetuosas con el medio ambiente. Al facilitar la integración de los vehículos eléctricos y otros modos de transporte alternativos, los sistemas de gestión del tráfico impulsados por IA pueden apoyar la transición hacia un ecosistema de transporte urbano más sostenible y ecológico. La combinación de las tecnologías de IA con los sistemas de gestión del tráfico es muy prometedora para transformar la forma en que planificamos, gestionamos y experimentamos el tráfico en nuestras ciudades.

Preocupaciones éticas y de seguridad en el transporte impulsado por la IA

Una de las principales preocupaciones en torno a la integración de la IA en el transporte es la cuestión de la seguridad. A medida que se generalizan los vehículos autónomos y otros sistemas de transporte basados en IA, garantizar la seguridad de pasajeros, peatones y otros usuarios de la carretera es de vital importancia. Los complejos procesos de toma de decisiones necesarios para una navegación segura en entornos impredecibles suponen un reto importante para los sistemas de IA. La posibilidad de que se produzcan fallos en el sistema, piratería informática o interferencias externas suscita preocupación sobre la fiabilidad de los medios de transporte impulsados por IA. Estos problemas de seguridad deben abordarse mediante pruebas rigurosas, regulación y supervisión continua de los sistemas de IA para minimizar los riesgos asociados a su despliegue a gran escala. Además de las consideraciones de seguridad, las preocupaciones éticas desempeñan un papel crucial en la configuración del futuro del transporte impulsado por la IA. Las implicaciones éticas de la toma de decisiones mediante IA, especialmente en situaciones de vida o muerte, plantean cuestiones sobre la responsabilidad, la transparencia y los valores morales integrados en los algoritmos de IA. Cuestiones como la prioridad de la seguridad de los pasajeros sobre la de los peatones, el impacto de los prejuicios de la IA en los procesos de toma de decisiones y la posibilidad de conflictos entre humanos e IA en situaciones críticas ponen de relieve la necesidad de marcos éticos sólidos que guíen el desarrollo y el despliegue de la IA en el transporte. Lograr un equilibrio entre el avance tecnológico y las consideraciones éticas es esencial para garantizar que los sistemas de transporte impulsados por la IA se ajusten a los valores y normas de la sociedad. Abordar los problemas éticos y de seguridad en el transporte impulsado por la IA requiere un enfoque multidisciplinar que abarque los conocimientos técnicos, el razonamiento ético y los marcos normativos. La colaboración entre ingenieros, especialistas en ética, responsables políticos y otras partes interesadas es esencial para desarrollar directrices exhaustivas para el diseño, el funcionamiento y la regulación de los sistemas de IA en el transporte. La transparencia en los procesos de toma de decisiones sobre IA, los mecanismos de rendición de cuentas por fallos del sistema y las medidas proactivas para minimizar los riesgos son pasos cruciales para generar confianza en los sistemas de transporte impulsados por IA.

XXIV. LA IA AL POR MENOR

La integración de la inteligencia artificial en el sector minorista ha revolucionado la forma en que las empresas se relacionan con los clientes y optimizan sus operaciones. Una aplicación clave de la IA en el comercio es la experiencia de compra personalizada. Aprovechando los algoritmos y el aprendizaje automático, los minoristas pueden analizar grandes cantidades de datos de clientes para adaptar las recomendaciones de productos y las promociones a las preferencias individuales. Esto no sólo mejora la satisfacción del cliente, sino que también aumenta las ventas y su fidelidad. A medida que la IA sigue evolucionando, los minoristas también están explorando el uso de chatbots y asistentes virtuales para proporcionar atención al cliente en tiempo real, ayudando a agilizar la experiencia de compra y mejorar la satisfacción general del cliente. Las herramientas de análisis basadas en IA están permitiendo a los minoristas tomar decisiones basadas en datos y optimizar varios aspectos de su negocio, desde la gestión del inventario hasta las operaciones de la cadena de suministro. Analizando tendencias y patrones en los datos de ventas, los minoristas pueden prever la demanda con mayor precisión, reducir las roturas de stock y mejorar la rotación de inventario. La IA puede ayudar a los minoristas a identificar el fraude y evitar posibles pérdidas mediante algoritmos avanzados de detección del fraude. Al automatizar las tareas y procesos rutinarios, la IA no sólo libera a los empleados para que se centren en actividades de mayor valor, sino que también mejora la eficacia operativa y reduce los costes de los minoristas. De cara al futuro, se espera que la adopción de la IA en el comercio minorista continúe a un ritmo rápido, con avances en tecnologías como la visión por ordenador y el procesamiento del lenguaje natural, que mejorarán aún más las capacidades de las soluciones basadas en IA. Los minoristas también están explorando el potencial de los robots autónomos para tareas como la gestión de inventarios, la reposición de estanterías e incluso los procesos de caja sin cajeros. Aunque la integración de la IA en el comercio minorista presenta numerosas oportunidades de innovación y crecimiento, también plantea consideraciones éticas en torno a la privacidad de los datos, la seguridad y el desplazamiento de puestos de trabajo. A medida que el sector minorista adopte la IA, será esencial que las empresas afronten estos retos de forma reflexiva y responsable para garantizar un futuro satisfactorio y sostenible de la IA en el comercio minorista.

Experiencias de compra personalizadas con IA

El crecimiento exponencial de la inteligencia artificial ha revolucionado la forma en que las empresas ofrecen experiencias de compra personalizadas a los consumidores. Mediante la utilización de tecnologías impulsadas por la IA, las empresas pueden ahora analizar grandes cantidades de datos para adaptar los productos y servicios a las preferencias y patrones de comportamiento individuales. Aprovechando el poder del aprendizaje automático y el análisis predictivo, las empresas pueden ofrecer recomendaciones, descuentos y promociones adaptados específicamente a cada cliente. Este nivel de personalización no sólo mejora la experiencia general de compra, sino que también fomenta una mayor fidelidad de los clientes y aumenta el potencial de ingresos. La IA ha permitido el desarrollo de asistentes virtuales de compras que pueden proporcionar asistencia en tiempo real a los clientes, guiándoles a través de su viaje de compras y respondiendo a cualquier pregunta que puedan tener. Estos asistentes virtuales utilizan el procesamiento del lenguaje natural para comprender y responder eficazmente a las consultas de los clientes. Al tender un puente entre las experiencias de compra online y offline, los asistentes virtuales mejoran la satisfacción del cliente e impulsan el compromiso. La integración de chatbots con tecnología de IA permite una comunicación eficaz y personalizada con los clientes, mejorando aún más la experiencia de compra. La evolución de la IA en el sector minorista ha allanado el camino para la implantación de robots autónomos en tiendas físicas y almacenes. Estos robots pueden ayudar en la gestión de inventarios, la reposición de estanterías e incluso la atención al cliente. Al automatizar las tareas rutinarias, las empresas pueden agilizar las operaciones, reducir costes y mejorar la eficiencia general. La integración de robots autónomos también plantea consideraciones éticas en relación con el posible desplazamiento de puestos de trabajo y la necesidad de normativas que garanticen el uso seguro y ético de la tecnología de IA en el comercio minorista. La IA ha transformado las experiencias de compra personalizadas al ofrecer recomendaciones de productos a medida, asistentes de compra virtuales y robots autónomos, revolucionando la forma en que las empresas interactúan con los clientes y mejorando la eficiencia general en el sector minorista.

Gestión de Inventarios y Optimización de la Cadena de Suministro

A medida que las empresas se esfuerzan por optimizar la eficacia de su cadena de suministro, la gestión del inventario desempeña un papel crucial en la consecución de este objetivo. Supervisando y controlando cuidadosamente el flujo de mercancías, las empresas pueden minimizar los costes por exceso de inventario, reducir las roturas de existencias y mejorar la satisfacción general del cliente. La utilización de tecnologías avanzadas, como la inteligencia artificial, puede mejorar significativamente los procesos de gestión de inventarios, proporcionando información en tiempo real sobre la previsión de la demanda, los niveles de inventario y las estrategias de reposición. Los sistemas basados en IA pueden analizar grandes cantidades de datos con rapidez y precisión, permitiendo a las empresas tomar decisiones informadas que impulsen la excelencia operativa y la rentabilidad. Integrar la IA en la gestión de inventarios permite realizar análisis predictivos que pueden identificar posibles cuellos de botella o interrupciones en la cadena de suministro antes de que se produzcan. Aprovechando los algoritmos de aprendizaje automático, las organizaciones pueden anticiparse a las fluctuaciones de la demanda, optimizar los puntos de pedido y racionalizar los índices de rotación del inventario. Este enfoque proactivo no sólo mejora la eficiencia operativa, sino que también minimiza el riesgo de acumulación de exceso de existencias o escasez, lo que en última instancia supone un ahorro de costes y una mejora de los niveles de servicio al cliente. La IA puede automatizar tareas rutinarias de inventario, como el procesamiento de pedidos, el seguimiento del inventario y la previsión de la demanda, liberando recursos humanos para que se centren en iniciativas más estratégicas que impulsen el crecimiento y la innovación del negocio. La implantación estratégica de la IA en la gestión de inventarios y la optimización de la cadena de suministro encierra un inmenso potencial para las empresas que buscan obtener una ventaja competitiva en el vertiginoso mercado global actual. Al aprovechar el poder de la inteligencia artificial para prever la demanda, optimizar los niveles de inventario y mejorar la visibilidad de la cadena de suministro, las empresas pueden mejorar la asignación de recursos, reducir los costes operativos y ofrecer experiencias superiores a los clientes. A medida que la tecnología siga evolucionando, las organizaciones que adopten soluciones basadas en la IA en sus procesos de gestión de inventarios estarán mejor posicionadas para adaptarse a la dinámica cambiante del mercado y lograr un crecimiento sostenible en la era digital.

Privacidad y seguridad de los datos en las soluciones minoristas basadas en IA

Una de las principales preocupaciones que rodean a las soluciones minoristas impulsadas por la IA es la cuestión de la privacidad y la seguridad de los datos. A medida que estos sistemas se integran más en nuestra vida cotidiana, la gran cantidad de datos personales que recopilan plantea interrogantes sobre cómo se utiliza y protege esta información. Los minoristas confían en los algoritmos de IA para analizar el comportamiento, las preferencias y los patrones de compra de los consumidores, con el fin de ofrecer recomendaciones personalizadas y anuncios específicos. Este nivel de recopilación de datos puede ser invasivo y suscita preocupación por la privacidad del usuario. El riesgo de filtración de datos y de acceso no autorizado a información sensible supone una amenaza significativa para los consumidores y para la reputación de las empresas que utilizan estas tecnologías. En el contexto de las soluciones minoristas impulsadas por la IA, garantizar medidas sólidas de seguridad de los datos es crucial para mantener la confianza de los clientes y cumplir los requisitos legales. Los minoristas deben aplicar técnicas de encriptación, protocolos seguros de almacenamiento de datos y estrictos controles de acceso para proteger los datos de los consumidores frente a las ciberamenazas. La transparencia en las prácticas de recopilación de datos y la provisión de opciones claras de exclusión voluntaria pueden ayudar a mitigar los problemas de privacidad y capacitar a los consumidores para tomar decisiones informadas sobre el intercambio de su información. Al dar prioridad a la seguridad y la privacidad de los datos en el diseño y la implantación de los sistemas de IA, los minoristas pueden construir una base de confianza con sus clientes y fomentar relaciones a largo plazo basadas en el respeto mutuo y la transparencia. A pesar de los retos y riesgos asociados a la privacidad y la seguridad de los datos en las soluciones minoristas impulsadas por IA, existen oportunidades de innovación y avance en este campo. Invirtiendo en investigación y desarrollo de tecnologías que mejoren la privacidad, como la privacidad diferencial y el aprendizaje federado, las empresas pueden lograr un equilibrio entre el aprovechamiento de los datos de los consumidores para obtener información comercial y la protección de los derechos de privacidad individuales. Colaborar con reguladores, defensores de la privacidad y expertos en ciberseguridad también puede ayudar a los minoristas a navegar por el complejo panorama de las leyes de protección de datos y las mejores prácticas del sector.

XXV. LA IA EN LOS MEDIOS SOCIALES

Los avances en inteligencia artificial han revolucionado la forma en que interactuamos con las plataformas de medios sociales. Los algoritmos basados en IA se utilizan para analizar los datos y el comportamiento de los usuarios, lo que da lugar a recomendaciones de contenido personalizadas y publicidad dirigida. Estos algoritmos pueden cribar enormes cantidades de datos para extraer información valiosa, lo que permite a las empresas optimizar sus estrategias de marketing y mejorar la participación de los usuarios. La IA ha facilitado el desarrollo de chatbots que proporcionan asistencia instantánea al cliente en las plataformas de redes sociales, mejorando la experiencia y la eficacia del usuario. La integración de la IA en las redes sociales no sólo ha transformado la forma en que las empresas conectan con su público objetivo, sino que también ha mejorado la experiencia general del usuario adaptando el contenido a las preferencias individuales. La IA ha desempeñado un papel crucial en la lucha contra las noticias falsas y la desinformación en las plataformas de redes sociales. Aprovechando los algoritmos de aprendizaje automático, la IA puede detectar y marcar el contenido sospechoso, ayudando a mantener la credibilidad y la integridad de las fuentes de información en línea. Las herramientas de moderación de contenidos basadas en IA pueden filtrar automáticamente el material inapropiado u ofensivo, protegiendo a los usuarios de contenidos perjudiciales. Este enfoque proactivo de la moderación de contenidos mejora la seguridad de los usuarios y fomenta un entorno en línea más positivo. A medida que el volumen de contenido digital sigue creciendo exponencialmente, la capacidad de la IA para cribar y curar la información de forma eficaz resulta cada vez más esencial para mantener la calidad y fiabilidad de las plataformas de medios sociales. De cara al futuro, se espera que la evolución de la IA en las redes sociales afecte aún más a la forma en que las empresas y las personas interactúan en Internet. A medida que la IA siga avanzando, existe la posibilidad de que algoritmos aún más sofisticados personalicen los contenidos y adapten las experiencias de los usuarios. La integración de la IA con las tecnologías de realidad aumentada y realidad virtual abre nuevas posibilidades de experiencias inmersivas e interactivas en los medios sociales. A medida que la IA se hace más prevalente en el ámbito de las redes sociales, las consideraciones éticas relativas a la privacidad de los datos, el sesgo algorítmico y la censura de contenidos deben manejarse con cuidado para garantizar un entorno en línea justo y transparente para todos los usuarios. La fusión de la IA con los medios sociales está reconfigurando el panorama digital, ofreciendo tanto oportunidades para la innovación como retos para la gobernanza ética.

IA para la recomendación de contenidos

El avance de la inteligencia artificial ha supuesto un cambio significativo en la forma de recomendar contenidos a los usuarios. Los sistemas de recomendación de contenidos impulsados por la IA han revolucionado el panorama digital al proporcionar sugerencias personalizadas basadas en las preferencias, el comportamiento y las interacciones de los usuarios. Estos sistemas aprovechan sofisticados algoritmos, modelos de aprendizaje automático y técnicas de procesamiento del lenguaje natural para analizar grandes cantidades de datos y predecir con precisión el contenido que mejor resonará entre los usuarios individuales. Como resultado, a los usuarios se les presentan contenidos adaptados a sus intereses, lo que mejora la experiencia del usuario y aumenta su participación. Una de las principales ventajas de los sistemas de recomendación de contenidos basados en IA es su capacidad para aprender continuamente y adaptarse a las preferencias de los usuarios en tiempo real. Analizando las interacciones, los comentarios y los patrones de comportamiento de los usuarios, estos sistemas pueden ajustar dinámicamente sus recomendaciones para garantizar que a los usuarios se les presenten los contenidos más relevantes y atractivos para ellos. Este enfoque personalizado mejora la satisfacción del usuario, aumenta su retención y, en última instancia, impulsa los ingresos al promover sesiones de usuario más largas y mayores tasas de conversión. Los sistemas de recomendación de contenidos basados en la IA pueden ayudar a los proveedores de contenidos y a los vendedores a comprender mejor a su público, permitiéndoles ajustar sus estrategias de contenidos y optimizar sus ofertas para obtener el máximo impacto. De cara al futuro, la IA para la recomendación de contenidos ofrece oportunidades prometedoras para seguir innovando y perfeccionando. A medida que la tecnología siga evolucionando, podemos esperar ver modelos de IA aún más sofisticados, mayores capacidades de análisis de datos y una integración perfecta en diferentes plataformas y dispositivos. Con el avance continuado de la IA, los sistemas de recomendación de contenidos serán aún más personalizados, intuitivos y centrados en el usuario, lo que impulsará un compromiso más profundo y aportará más valor tanto a los usuarios como a los proveedores de contenidos.

Es crucial abordar las consideraciones éticas, como la privacidad y la transparencia de los datos, para garantizar que los sistemas de recomendación de contenidos impulsados por la IA funcionen de forma ética y responsable en un panorama digital en rápida evolución.

Análisis de Sentimiento y Escucha Social

A medida que la inteligencia artificial sigue avanzando, el análisis de sentimientos y la escucha social han surgido como componentes cruciales para comprender el comportamiento humano y las interacciones en el ámbito digital. El análisis de sentimientos se refiere al proceso de identificar y categorizar computacionalmente las opiniones, emociones y actitudes expresadas en datos textuales, mientras que la escucha social consiste en monitorizar las conversaciones en línea para recopilar ideas y tendencias. Analizando las publicaciones en las redes sociales, las opiniones de los clientes y otros datos textuales, las empresas pueden calibrar el sentimiento del público, identificar las preferencias de los clientes y adaptar sus estrategias de marketing en consecuencia. Esto no sólo ayuda a las empresas a mejorar sus productos y servicios, sino que también aumenta la satisfacción y fidelidad de los clientes. La integración del análisis de sentimientos y la escucha social en los sistemas de IA ha revolucionado la forma en que las empresas se relacionan con su público y toman decisiones basadas en datos. Mediante el análisis de sentimientos, las organizaciones pueden evaluar rápidamente el sentimiento general en torno a su marca, productos o servicios, lo que les permite abordar con prontitud cualquier comentario negativo o preocupación. La escucha social proporciona información valiosa sobre el comportamiento de los consumidores, las tendencias del mercado y las estrategias de la competencia, lo que permite a las empresas adelantarse a los acontecimientos y adaptarse a la dinámica cambiante del mercado. Este enfoque proactivo de la supervisión y el análisis de las conversaciones en línea proporciona a las empresas una ventaja competitiva a la hora de comprender a su público objetivo y optimizar eficazmente sus esfuerzos de marketing. La combinación del análisis de sentimientos y la escucha social tiene implicaciones más amplias que las aplicaciones empresariales. Los investigadores y los responsables políticos pueden utilizar estas herramientas para analizar la opinión pública sobre cuestiones sociales y políticas, seguir las tendencias del sentimiento público e incluso predecir posibles cambios sociales. Al aprovechar el poder de la IA para analizar grandes cantidades de datos textuales, se pueden obtener valiosos conocimientos sobre la mentalidad colectiva de la sociedad, lo que ayuda a informar los procesos de toma de decisiones, dar forma a las políticas y mejorar el bienestar social general. El análisis de los sentimientos y la escucha social representan un recurso inestimable para aprovechar la IA con el fin de conocer mejor el comportamiento y las interacciones humanas en la era de la comunicación digital.

Implicaciones éticas de la IA en las plataformas de medios sociales

A medida que la inteligencia artificial sigue avanzando, su integración en las plataformas de medios sociales ha planteado importantes implicaciones éticas. Una de las principales preocupaciones es la posible manipulación de los datos de los usuarios con fines publicitarios o políticos. Los algoritmos de IA pueden analizar grandes cantidades de información personal para crear perfiles que puedan explotarse con fines lucrativos o de influencia. Esto plantea cuestiones sobre la privacidad y la autonomía de las personas en línea, ya que sus comportamientos y preferencias pueden utilizarse sin su plena comprensión o consentimiento. La naturaleza opaca de los procesos de toma de decisiones de la IA puede dar lugar a prejuicios y discriminación, exacerbando aún más las desigualdades sociales existentes. Otro dilema ético que presenta la IA en las plataformas de medios sociales es la difusión de información errónea y noticias falsas. Los algoritmos impulsados por la IA pueden amplificar la difusión de información falsa, provocando confusión y discordia generalizadas en las comunidades en línea. El reto consiste en equilibrar la necesidad de libertad de expresión con la responsabilidad de mantener la exactitud y la integridad en el intercambio de información. A medida que las redes sociales se convierten en la principal fuente de noticias e información para muchas personas, no deben subestimarse las implicaciones éticas de la IA en la perpetuación de falsedades y el fomento de la división. La influencia de la IA en la configuración de las experiencias de los usuarios en línea suscita preocupación por la erosión de la agencia y la autonomía humanas. Al personalizar el contenido y las recomendaciones basándose en algoritmos predictivos, las plataformas de medios sociales pueden crear burbujas de filtros que refuercen las creencias y preferencias existentes, limitando la exposición a perspectivas diversas. Esto puede dar lugar a cámaras de eco que obstaculicen el pensamiento crítico y el discurso abierto, socavando en última instancia los ideales democráticos de una sociedad libre e informada.

A la luz de estas implicaciones éticas, es imperativo que los reguladores, los responsables políticos y las empresas tecnológicas den prioridad a la transparencia, la responsabilidad y la capacitación de los usuarios en el despliegue de la IA en las plataformas de medios sociales.

XXVI. LA IA EN LA APLICACIÓN DE LA LEY

La integración de la inteligencia artificial en la aplicación de la ley ha planteado importantes consideraciones éticas y prácticas. El uso de tecnologías de IA, como el software de reconocimiento facial, los algoritmos policiales predictivos y los drones autónomos, ha influido significativamente en el funcionamiento de las fuerzas del orden. Aunque estas tecnologías ofrecen la promesa de una mayor eficiencia y eficacia en la prevención e investigación de delitos, también plantean problemas de privacidad, parcialidad y responsabilidad. El despliegue de la IA en la aplicación de la ley requiere una regulación y supervisión cuidadosas para garantizar que estas tecnologías se utilicen de forma ética y responsable. Uno de los principales beneficios de la IA en la aplicación de la ley es su potencial para mejorar la seguridad pública al permitir estrategias proactivas de prevención de la delincuencia. Los algoritmos policiales predictivos, por ejemplo, pueden analizar grandes cantidades de datos para identificar pautas y tendencias que puedan indicar dónde es probable que se produzcan delitos. Este enfoque basado en los datos permite a las fuerzas del orden asignar los recursos con mayor eficacia y responder a las amenazas potenciales antes de que se agraven. También se ha criticado el uso de la IA en la vigilancia policial predictiva por perpetuar los prejuicios existentes en el sistema de justicia penal y dirigirse injustamente contra las comunidades marginadas. Es esencial que los responsables políticos y los organismos encargados de hacer cumplir la ley aborden estas preocupaciones y apliquen salvaguardias para evitar el uso indebido de las tecnologías de IA en la labor policial. Otro aspecto importante de la IA en la aplicación de la ley es el uso de la tecnología de reconocimiento facial para identificar y seguir a las personas. Aunque el reconocimiento facial puede ser una poderosa herramienta para identificar sospechosos y mejorar la seguridad, también plantea graves problemas de privacidad y libertades civiles. El uso indiscriminado de programas informáticos de reconocimiento facial por parte de los organismos encargados de hacer cumplir la ley supone un riesgo importante para los derechos de privacidad de las personas y puede dar lugar a detenciones erróneas o a una selección discriminatoria de objetivos. Deben establecerse normativas que garanticen que la tecnología de reconocimiento facial se utiliza de forma legal y transparente, con las salvaguardias adecuadas para proteger los derechos de las personas y evitar abusos. La integración de la IA en la aplicación de la ley requiere un delicado equilibrio entre el aprovechamiento de las ventajas de la tecnología para la seguridad pública y la defensa de los principios de imparcialidad, responsabilidad y respeto de las libertades civiles.

Policía predictiva con IA
A medida que la inteligencia artificial sigue avanzando, la integración de la policía predictiva con la IA ha demostrado tener un gran potencial para mejorar las estrategias policiales. Utilizando grandes cantidades de datos y sofisticados algoritmos, la vigilancia predictiva pretende prever posibles actividades delictivas y optimizar la asignación de recursos para la prevención del delito. Este enfoque proactivo permite a las fuerzas del orden anticiparse a los delitos y prevenirlos antes de que se produzcan, lo que en última instancia conduce a una comunidad

más segura. Los modelos predictivos pueden analizar datos históricos de delincuencia, patrones meteorológicos, actividad en las redes sociales y otros factores relevantes para identificar zonas e individuos de alto riesgo, lo que permite a las fuerzas de seguridad centrar sus esfuerzos en los puntos calientes de la delincuencia y en los individuos de alto riesgo. La actuación policial predictiva con IA tiene el potencial de abordar los sesgos presentes en los métodos policiales tradicionales. Al basarse en datos y algoritmos, en lugar de en el juicio humano subjetivo, la vigilancia predictiva puede ayudar a reducir los perfiles raciales y la discriminación en las prácticas policiales. Los algoritmos pueden identificar pautas y tendencias de forma objetiva, lo que conduce a procesos de toma de decisiones más equitativos y eficaces. Es crucial supervisar y evaluar continuamente estos modelos predictivos para garantizar que son justos e imparciales. La transparencia y la responsabilidad en el desarrollo y la aplicación de los algoritmos de IA son esenciales para mitigar los riesgos potenciales y mantener las normas éticas en las prácticas policiales predictivas. La integración de la IA en la actuación policial predictiva representa un avance significativo en las capacidades policiales. Aprovechando el poder de la analítica de datos y el aprendizaje automático, las fuerzas del orden pueden mejorar sus estrategias de prevención de la delincuencia, asignar recursos de forma más eficiente y reducir los sesgos en las prácticas policiales. A medida que la tecnología sigue evolucionando, es esencial que los responsables políticos, los organismos encargados de hacer cumplir la ley y los desarrolladores de IA colaboren para establecer directrices y normativas claras que garanticen el uso responsable y ético de la actuación policial predictiva con IA. Al lograr un equilibrio entre la innovación tecnológica y las consideraciones éticas, la sociedad puede aprovechar todo el potencial de la IA para crear comunidades más seguras y resistentes.

Tecnología de reconocimiento facial en las fuerzas de seguridad

El uso de la tecnología de reconocimiento facial en las fuerzas de seguridad ha suscitado un importante debate sobre sus implicaciones éticas y su potencial de abuso. Mientras que sus defensores sostienen que dicha tecnología puede mejorar la seguridad pública al ayudar a identificar y seguir a los sospechosos de forma más eficaz, sus detractores expresan su preocupación por la invasión de la intimidad, los prejuicios raciales y la falta de transparencia en su aplicación. La adopción generalizada de la tecnología de reconocimiento facial por parte de los organismos encargados de hacer cumplir la ley plantea importantes cuestiones sobre el equilibrio entre seguridad y libertades civiles, así como sobre la necesidad de directrices claras y supervisión para evitar su uso indebido. Una de las cuestiones clave en torno a la tecnología de reconocimiento facial en las fuerzas de seguridad es la precisión y fiabilidad de los algoritmos utilizados para identificar a las personas. Los estudios han demostrado que estos algoritmos pueden producir coincidencias falsas, sobre todo en el caso de personas de color, lo que conduce a detenciones erróneas y a la perpetuación de prejuicios sistémicos. La falta de regulación y normalización en el desarrollo y despliegue de la tecnología de reconocimiento facial puede exacerbar estas disparidades, poniendo de relieve la necesidad de una mayor transparencia y responsabilidad en su uso por parte de los organismos encargados de hacer cumplir la ley. A la luz de estas preocupaciones, es crucial que los responsables políticos, los tecnólogos y la sociedad civil entablen un diálogo sobre las implicaciones éticas y jurídicas de la tecnología de reconocimiento facial en la aplicación de la ley. Este diálogo debe incluir la consideración del impacto potencial en las comunidades marginadas, la necesidad de sólidas protecciones de la privacidad y el desarrollo de directrices claras para su uso. Abordando estas cuestiones de forma proactiva, la sociedad puede aprovechar las ventajas de la tecnología de reconocimiento facial al tiempo que mitiga sus riesgos y garantiza que se despliega de forma ética y responsable.

Retos jurídicos y éticos en la prevención del delito asistida por IA

Uno de los principales retos del desarrollo y la implantación de sistemas de prevención de la delincuencia asistidos por IA son las consideraciones jurídicas y éticas que se plantean. A medida que las tecnologías de IA se vuelven más sofisticadas y autónomas, las cuestiones relativas a la responsabilidad y la transparencia se vuelven cada vez más pertinentes. ¿Quién será responsable si un sistema de IA comete un error o identifica erróneamente a un sospechoso? ¿Cómo garantizamos que estos sistemas no sean parciales o discriminatorios en sus procesos de toma de decisiones? Estos dilemas legales y éticos deben abordarse cuidadosamente para evitar posibles daños o injusticias derivados del uso de la IA en la prevención de la delincuencia. Las cuestiones relacionadas con la privacidad y la protección de datos también pasan a un primer plano cuando se habla de la prevención de la delincuencia asistida por IA. La gran cantidad de datos necesarios para entrenar algoritmos de IA para la detección y predicción de la delincuencia suscita preocupación por la vigilancia y las posibles violaciones de la intimidad. A medida que estos sistemas recopilan y analizan información personal, existe el riesgo de vulnerar el derecho a la intimidad y la autonomía de las personas. Alcanzar un equilibrio entre el uso de la IA para mejorar los esfuerzos de prevención de la delincuencia y la salvaguarda de los derechos de privacidad de las personas plantea un complejo reto ético que debe afrontarse de forma cuidadosa y deliberada. Además de las consideraciones legales y éticas, también es necesario abordar el posible uso indebido o abuso de las herramientas de prevención de la delincuencia asistidas por IA. A medida que estas tecnologías se generalizan, existe el riesgo de que se utilicen con fines malintencionados, como la vigilancia de disidentes políticos o la manipulación de pruebas en investigaciones penales. Es esencial establecer normas y salvaguardias sólidas para evitar el uso indebido de la IA en el contexto de la prevención de la delincuencia y garantizar que estas tecnologías se utilicen de forma responsable y ética, respetando los principios de justicia e imparcialidad.

XXVII. LA IA EN LA EXPLORACIÓN ESPACIAL

Los avances en inteligencia artificial han revolucionado numerosas industrias, incluida la exploración espacial. La tecnología de IA ha permitido a los investigadores y científicos analizar cantidades ingentes de datos recogidos en misiones espaciales con más eficiencia y eficacia que nunca. Los algoritmos de aprendizaje automático pueden procesar e interpretar conjuntos de datos complejos, dando lugar a nuevos conocimientos y descubrimientos que habrían sido casi imposibles de descubrir sólo con los métodos tradicionales. Esto ha dado lugar a una aceleración significativa de la investigación y la experimentación en la exploración espacial, ampliando los límites del conocimiento científico y alimentando un mayor interés por los misterios del universo. Una de las principales aplicaciones de la IA en la exploración espacial son las naves espaciales autónomas y los vehículos exploradores. Estos sistemas robóticos están equipados con capacidades de IA que les permiten navegar, analizar y tomar decisiones sin intervención humana constante. Aprovechando la IA, estas máquinas autónomas pueden adaptarse a circunstancias imprevistas, explorar terrenos difíciles y ejecutar tareas complejas con precisión. Esto ha mejorado significativamente la eficacia y el éxito de las misiones espaciales, permitiendo esfuerzos de exploración más ambiciosos y a largo plazo. La capacidad de los robots autónomos para operar de forma independiente en entornos extremos como Marte o el espacio profundo abre nuevas posibilidades para la investigación y el descubrimiento científicos. A medida que las capacidades de la IA sigan avanzando, el futuro de la exploración espacial será aún más prometedor. Los sistemas impulsados por IA pueden revolucionar la forma en que exploramos y colonizamos otros planetas, extraemos recursos de los asteroides e incluso buscamos vida extraterrestre. La integración de la IA en las misiones espaciales impulsará la innovación en robótica, aprendizaje automático y análisis de datos, ampliando los límites de lo posible en nuestra búsqueda de la comprensión del cosmos. A medida que nos adentramos en los confines desconocidos del espacio, las consideraciones éticas en torno al uso de la IA en la exploración espacial deben abordarse cuidadosamente para garantizar que estos avances tecnológicos beneficien a la humanidad en su conjunto.

Robótica e IA en las misiones espaciales

Los avances en inteligencia artificial han tenido un impacto significativo en las misiones espaciales, ya que la integración de las tecnologías de robótica e IA ha revolucionado la forma en que exploramos el cosmos. Los robots autónomos se han vuelto esenciales para realizar tareas que son demasiado peligrosas o poco prácticas para los astronautas humanos. Estos robots pueden navegar por entornos difíciles, recopilar datos y ejecutar operaciones complejas con precisión. Mediante algoritmos de IA, estos robots son capaces de adaptarse a situaciones imprevistas, tomar decisiones en fracciones de segundo y trabajar eficazmente sin intervención humana. Este nivel de autonomía aumenta la eficacia y la tasa de éxito de las misiones espaciales, ampliando en última instancia nuestra comprensión del universo. La robótica y la IA han permitido el desarrollo de naves espaciales innovadoras que pueden navegar de forma autónoma por el espacio, realizar tareas de mantenimiento e incluso repararse a sí mismas. Estos avances han reducido la dependencia del control terrestre y han aumentado la autonomía de las naves espaciales, permitiéndoles completar misiones de forma más independiente. Además de mejorar las capacidades de las naves espaciales, la robótica y la IA también contribuyen a la exploración de las superficies planetarias. Los robots equipados con sistemas de IA pueden analizar el terreno, detectar peligros y recoger muestras sin supervisión humana constante. Este nivel de sofisticación ha allanado el camino para exploraciones más amplias y profundas de planetas y lunas lejanos. La integración de la IA en las misiones espaciales ha abierto nuevas oportunidades para la investigación y el descubrimiento científicos. Utilizando algoritmos de aprendizaje automático, los científicos pueden analizar grandes cantidades de datos recogidos por sondas espaciales, telescopios y otros instrumentos para descubrir nuevos conocimientos sobre el universo. La IA también desempeña un papel crucial en la predicción de la meteorología espacial, la identificación de posibles amenazas para las naves espaciales y la seguridad de los astronautas durante las misiones de larga duración. Mientras seguimos ampliando los límites de la exploración espacial, la sinergia entre la robótica y la IA será decisiva para avanzar en nuestro conocimiento del cosmos y desvelar los misterios del universo.

Sistemas autónomos para la exploración espacial
Uno de los avances más significativos en el campo de la inteligencia artificial es el desarrollo de sistemas autónomos para la exploración espacial. Estos sistemas tienen el potencial de revolucionar la forma en que exploramos y comprendemos el uni-

verso más allá de nuestro planeta. Los sistemas autónomos están dotados de la capacidad de tomar decisiones y realizar tareas sin intervención humana directa, lo que es crucial para navegar por las complejidades de las misiones espaciales. Al utilizar la tecnología de IA, estos sistemas pueden analizar grandes cantidades de datos, adaptarse a condiciones cambiantes y responder a retos imprevistos en tiempo real, lo que los convierte en una herramienta inestimable para los esfuerzos de exploración espacial. Los sistemas autónomos para la exploración espacial ya han demostrado sus capacidades en diversas misiones, como los vehículos exploradores de Marte y las misiones de naves espaciales a planetas lejanos. Estos sistemas están diseñados para operar en entornos extremos en los que la presencia humana no es factible, lo que los hace esenciales para recopilar valiosos datos científicos y realizar experimentos en el espacio exterior. La integración de algoritmos de IA y técnicas de aprendizaje automático permite a estos sistemas aprender de sus experiencias, mejorar su rendimiento con el tiempo y optimizar su proceso de toma de decisiones para alcanzar los objetivos de la misión con eficiencia y eficacia. El desarrollo y despliegue de sistemas autónomos para la exploración espacial presentan oportunidades y retos únicos para el futuro de la exploración espacial. Aunque estos sistemas tienen el potencial de mejorar significativamente nuestra comprensión del cosmos y hacer avanzar la investigación científica, también plantean problemas éticos y de seguridad. Garantizar la fiabilidad, la seguridad y el uso ético de los sistemas autónomos en las misiones espaciales será crucial para maximizar sus beneficios y minimizar los riesgos potenciales. Mientras seguimos ampliando los límites de la exploración espacial, los sistemas autónomos impulsados por IA desempeñarán un papel fundamental en la configuración del futuro de la exploración del cosmos por la humanidad.

Consideraciones éticas en la IA para la exploración espacial

Las consideraciones éticas en el desarrollo y uso de la inteligencia artificial para la exploración espacial desempeñan un papel fundamental en la configuración del futuro de esta tecnología en rápido avance. A medida que ampliamos los límites de la IA para navegar por entornos extraterrestres y llevar a cabo misiones complejas en el espacio, deben establecerse directrices éticas para garantizar que estos sistemas den prioridad a la seguridad, la equidad y la responsabilidad. Cuestiones como la privacidad de los datos, la transparencia en la toma de decisiones y la posibilidad de sesgo en los algoritmos de IA deben abordarse cuidadosamente para mantener las normas éticas en la exploración del espacio. En el contexto de la exploración espacial, las consideraciones éticas son aún más importantes, ya que las consecuencias de los errores o el mal funcionamiento de la IA pueden tener repercusiones de gran alcance en las misiones, los miembros de la tripulación y el éxito general de los esfuerzos espaciales. Es mucho lo que está en juego cuando se confía en los sistemas de IA para tareas críticas como la navegación, la comunicación y la gestión de recursos en el duro entorno del espacio. Garantizar la solidez y fiabilidad de los algoritmos de IA se convierte no sólo en un reto técnico, sino también en un imperativo ético para salvaguardar las vidas y los recursos implicados en las misiones espaciales. Los debates éticos en torno a la IA en la exploración espacial van más allá de las consideraciones técnicas y abarcan implicaciones sociales más amplias. A medida que las tecnologías de IA se integran cada vez más en las misiones espaciales, surgen cuestiones de gobernanza, responsabilidad y distribución de beneficios y riesgos. Abordar estos dilemas éticos requiere un enfoque multidisciplinar que tenga en cuenta las perspectivas de las diversas partes interesadas, incluidos científicos, ingenieros, responsables políticos y el público. Entablando un diálogo abierto y colaborando en los procesos de toma de decisiones, podemos configurar colectivamente un futuro en el que la IA para la exploración espacial se desarrolle y utilice de forma responsable y ética.

XXVIII. LA IA EN SALUD MENTAL

A medida que la inteligencia artificial sigue avanzando, una de las aplicaciones más prometedoras se encuentra en el campo de la salud mental. La IA ha demostrado un gran potencial para revolucionar la forma en que se prestan los servicios de salud mental, ofreciendo apoyo personalizado y accesible a las personas que lo necesitan. Utilizando chatbots y terapeutas virtuales con IA, las personas pueden recibir orientación e intervenciones inmediatas, salvando la distancia entre la demanda de servicios de salud mental y la disponibilidad de profesionales. Esta tecnología puede proporcionar apoyo y seguimiento continuos, ofreciendo información sobre pautas de comportamiento y emociones que pueden servir de base para planes de tratamiento personalizados. La IA en la salud mental tiene el potencial de reducir el estigma asociado a la búsqueda de ayuda para los problemas de salud mental. Al ofrecer apoyo anónimo y sin prejuicios a través de plataformas virtuales, las personas pueden sentirse más cómodas hablando de sus problemas y buscando ayuda. Esto puede conducir a una intervención temprana y a la prevención de problemas de salud mental más graves. La IA puede ayudar a los terapeutas y a los profesionales de la salud mental ofreciéndoles información y recomendaciones basadas en patrones identificados mediante el análisis de grandes cantidades de datos. Esto puede aumentar la eficacia de los planes de tratamiento y mejorar los resultados para las personas que buscan apoyo en salud mental. A pesar de las numerosas ventajas de la IA en la salud mental, también hay consideraciones éticas que deben tenerse en cuenta. Los problemas de privacidad, la seguridad de los datos y la posibilidad de sesgos en los algoritmos son factores importantes que deben abordarse en el desarrollo y la aplicación de servicios de salud mental basados en IA. Las partes interesadas deben colaborar para garantizar la existencia de directrices éticas que protejan los derechos y el bienestar de las personas que acceden a estos servicios. La integración de la IA en la salud mental tiene el potencial de mejorar significativamente la calidad y la accesibilidad de la atención a la salud mental para las personas de todo el mundo.

Diagnóstico de Salud Mental basado en IA

A medida que la inteligencia artificial sigue avanzando, un área que ha mostrado un potencial significativo es el diagnóstico de la salud mental basado en la IA. Mediante algoritmos de aprendizaje automático y procesamiento del lenguaje natural, la IA puede analizar patrones en el habla, el texto y el comportamiento para detectar signos de trastornos mentales. Este enfoque innovador ofrece la promesa de una intervención temprana y planes de tratamiento personalizados para las personas que luchan con problemas de salud mental. Al proporcionar diagnósticos más precisos y oportunos, las herramientas de salud mental basadas en la IA pueden mejorar los resultados y reducir el estigma asociado a la búsqueda de ayuda. Las herramientas de diagnóstico de la salud mental basadas en la IA pueden aumentar las capacidades de los proveedores de asistencia sanitaria ofreciendo apoyo en los procesos de detección y evaluación. Estas herramientas pueden analizar grandes cantidades de datos para identificar cambios sutiles en el comportamiento o en el habla que pueden indicar enfermedades mentales subyacentes. Al automatizar las tareas rutinarias y proporcionar información basada en el análisis de datos, la IA puede ayudar a los médicos a tomar decisiones más informadas y adaptar los planes de tratamiento a las necesidades específicas de cada paciente. Esta sinergia entre la experiencia humana y la tecnología de IA puede revolucionar el campo de la atención a la salud mental. La integración de herramientas de diagnóstico de salud mental basadas en la IA también plantea importantes consideraciones éticas. Los problemas de privacidad, la seguridad de los datos y la posibilidad de sesgo en los algoritmos de IA son cuestiones críticas que deben abordarse cuidadosamente. La transparencia en el desarrollo y uso de las herramientas de IA, así como una normativa sólida para salvaguardar la confidencialidad de los pacientes y la protección de datos, son esenciales para garantizar el uso ético de la IA en la atención a la salud mental. Si afrontamos estos retos con prudencia, podremos aprovechar el poder de la IA para mejorar el diagnóstico y el tratamiento de la salud mental, respetando al mismo tiempo los valores de integridad, privacidad y equidad en la asistencia sanitaria.

Terapeutas virtuales y asesoramiento IA
La integración de los terapeutas virtuales y el asesoramiento mediante IA representa un avance significativo en el campo de la atención a la salud mental. Estos terapeutas virtuales, impulsados por la inteligencia artificial, tienen la capacidad de proporcionar apoyo y orientación a las personas que necesitan servicios de salud mental. Utilizando sofisticados algoritmos y el procesamiento del lenguaje natural, los terapeutas virtuales pueden entablar conversaciones con los usuarios, ofreciéndoles

intervenciones terapéuticas y estrategias de afrontamiento. Este acceso al apoyo en salud mental las 24 horas del día puede ser especialmente beneficioso para las personas que no tienen fácil acceso a la terapia tradicional o que luchan contra el estigma asociado a la búsqueda de ayuda. Los terapeutas virtuales tienen el potencial de atender las necesidades y preferencias únicas de cada persona, proporcionando intervenciones personalizadas que se adapten a sus problemas específicos de salud mental. Mediante la interacción continua y el análisis de datos, estas plataformas impulsadas por la IA pueden adaptar sus respuestas y recomendaciones en función de los comentarios y progresos del usuario. Este nivel de personalización puede aumentar la eficacia de las intervenciones terapéuticas y, en última instancia, mejorar la salud mental de los usuarios. El anonimato y la privacidad que ofrecen los terapeutas virtuales también pueden ayudar a que las personas se sientan más cómodas y se sinceren sobre sus emociones y luchas, lo que conduce a interacciones terapéuticas más significativas. Aunque los terapeutas virtuales y el asesoramiento mediante IA son muy prometedores para ampliar el acceso al apoyo en salud mental, es esencial abordar las preocupaciones relativas a las implicaciones éticas y las limitaciones de estas tecnologías. Cuestiones como la privacidad de los datos, la confidencialidad y la posibilidad de sesgos en los algoritmos de IA deben considerarse cuidadosamente para garantizar la prestación de una asistencia de salud mental ética y de alta calidad. A medida que el campo de la terapia virtual siga evolucionando, la investigación y la regulación continuas serán cruciales para salvaguardar el bienestar de los usuarios y mantener la integridad de los servicios de salud mental en la era digital.

Privacidad y confidencialidad en los servicios de salud mental impulsados por la IA

A medida que la inteligencia artificial sigue revolucionando el campo de los servicios de salud mental, las cuestiones de privacidad y confidencialidad se han vuelto primordiales. Dado que las plataformas basadas en la IA se utilizan cada vez más con fines terapéuticos, de asesoramiento y de diagnóstico, los datos confidenciales compartidos por las personas deben protegerse para mantener la confianza y garantizar prácticas éticas. Los pacientes suelen divulgar información, sentimientos y experiencias personales durante las sesiones con los servicios de salud mental basados en IA, lo que suscita preocupación por la protección de datos y las violaciones de la privacidad. Garantizar la privacidad y la confidencialidad en los servicios de salud mental basados en la IA exige el cumplimiento de estrictas medidas de seguridad y normas éticas. La encriptación de los datos, los protocolos de almacenamiento seguro y el acceso limitado a la información confidencial son componentes esenciales para salvaguardar la privacidad del paciente. Deben existir políticas claras sobre el intercambio de datos y el consentimiento para proteger a las personas del uso no autorizado de su información personal. El desarrollo y la aplicación de políticas de privacidad sólidas pueden ayudar a generar confianza entre los usuarios y las plataformas de IA, promoviendo en última instancia la adopción de estos servicios para el apoyo a la salud mental. A medida que sigan evolucionando los servicios de salud mental basados en la IA, es imperativo que los proveedores y desarrolladores den prioridad a la privacidad y la confidencialidad. Mediante el establecimiento de protocolos de seguridad sólidos, directrices éticas y prácticas transparentes en materia de datos, se pueden maximizar los beneficios potenciales de la IA en la salud mental, al tiempo que se minimizan los riesgos para la privacidad individual. La adhesión a normas estrictas de privacidad no sólo garantiza el cumplimiento de la normativa, sino que también defiende la responsabilidad ética de proteger la información sensible que comparten las personas que buscan apoyo para su salud mental a través de plataformas impulsadas por la IA.

XXIX. LA IA EN LA RESPUESTA A LAS CATÁSTROFES

Los avances en la tecnología de inteligencia artificial han mejorado enormemente los sistemas de respuesta ante catástrofes, permitiendo acciones más rápidas y eficientes durante las crisis. Utilizando algoritmos de IA, los drones equipados con sensores pueden evaluar rápidamente el impacto de las catástrofes, como terremotos o inundaciones, y proporcionar datos en tiempo real para ayudar en la toma de decisiones. Esta rápida evaluación permite a los equipos de respuesta a emergencias asignar recursos de forma más eficaz y priorizar las zonas que necesitan atención inmediata. El análisis predictivo potenciado por la IA puede prever escenarios de catástrofe basándose en datos históricos, patrones meteorológicos y otra información relevante, lo que permite tomar medidas proactivas para mitigar los riesgos y los daños potenciales. La IA puede mejorar la comunicación y la coordinación entre los distintos organismos que participan en la respuesta a las catástrofes. Mediante los servicios de traducción automática y las herramientas de procesamiento del lenguaje natural, la IA puede salvar las barreras lingüísticas y facilitar una comunicación fluida entre los equipos de socorro internacionales y los intervinientes locales. Esto garantiza un despliegue más coordinado y eficaz de los recursos y el personal en las zonas afectadas. Los chatbots impulsados por IA pueden proporcionar actualizaciones y orientación en tiempo real a los afectados por catástrofes, ofreciendo información crucial sobre rutas de evacuación, refugios de emergencia e instalaciones médicas. La integración de la IA en los sistemas de respuesta a catástrofes puede revolucionar la forma de gestionar y mitigar las emergencias. Aprovechando las tecnologías de IA, como el aprendizaje automático, el análisis predictivo y el procesamiento del lenguaje natural, el personal de respuesta puede tomar decisiones más informadas, priorizar los recursos con eficacia y comunicarse eficientemente durante las crisis. A medida que la IA sigue evolucionando, es esencial que los responsables políticos, las agencias de gestión de emergencias y los desarrolladores de tecnología colaboren y garanticen que estas herramientas innovadoras se despliegan, regulan y hacen accesibles de forma ética para maximizar su impacto a la hora de salvar vidas y reducir el impacto general de las catástrofes.

IA para sistemas de alerta rápida

La integración de la inteligencia artificial en los sistemas de alerta temprana ha revolucionado nuestra forma de abordar la preparación y la respuesta ante las catástrofes. Aprovechando los algoritmos de IA y las técnicas de aprendizaje automático, los sistemas de alerta temprana pueden analizar grandes volúmenes de datos en tiempo real para detectar patrones y anomalías que puedan indicar una crisis inminente. Estos sistemas tienen el potencial de proporcionar alertas oportunas y conocimientos predictivos, permitiendo a las autoridades tomar medidas proactivas para mitigar los riesgos y proteger a las poblaciones vulnerables. Los sistemas de alerta temprana impulsados por IA son fundamentales para mejorar la capacidad de resistencia y respuesta ante catástrofes y, en última instancia, salvar vidas y reducir el impacto de los sucesos catastróficos. La incorporación de la IA a los sistemas de alerta temprana también permite automatizar los complejos procesos de toma de decisiones, optimizando la asignación de recursos y las estrategias de respuesta. Utilizando el análisis predictivo y el modelado de escenarios, los algoritmos de IA pueden simular varios escenarios y recomendar los cursos de acción más eficaces basándose en los datos disponibles. Esta capacidad predictiva permite a los responsables de la respuesta a emergencias y a los responsables políticos tomar decisiones informadas de forma rápida y eficaz, mejorando la coordinación y la eficacia de la respuesta global. La capacidad de la IA para procesar y analizar grandes cantidades de datos en tiempo real mejora el conocimiento de la situación y permite un enfoque más proactivo y adaptativo de la gestión de catástrofes. A pesar de las numerosas ventajas de la IA para los sistemas de alerta temprana, también hay retos y consideraciones éticas que deben abordarse. Garantizar la fiabilidad y precisión de los algoritmos de IA, abordar los problemas de privacidad y seguridad de los datos, y mitigar el potencial sesgo algorítmico son aspectos críticos que requieren una cuidadosa atención. Las implicaciones éticas de la toma de decisiones automatizada en situaciones de alto riesgo plantean cuestiones sobre la responsabilidad, la transparencia y la supervisión humana. A medida que la IA sigue evolucionando e integrándose en infraestructuras críticas como los sistemas de alerta temprana, es imperativo establecer marcos de gobernanza sólidos y directrices éticas que rijan el despliegue y el uso responsables de las tecnologías de IA en la gestión de catástrofes.

Robótica en Operaciones de Búsqueda y Rescate
Una de las aplicaciones más prometedoras de la tecnología de inteligencia artificial en la actualidad es su uso en operaciones

de búsqueda y rescate mediante el despliegue de la robótica. La robótica en las operaciones de búsqueda y rescate sirve como herramienta vital en escenarios en los que la intervención humana puede ser limitada o demasiado peligrosa. Estos robots están diseñados para navegar por terrenos complejos, detectar supervivientes y proporcionar información crítica a los rescatadores. Al aprovechar eficazmente la robótica, los equipos de búsqueda y rescate pueden mejorar sus capacidades y aumentar las probabilidades de éxito en situaciones difíciles. La integración de la robótica en las operaciones de búsqueda y rescate ha mejorado significativamente la eficiencia y la eficacia de los esfuerzos de respuesta ante emergencias. Estos robots pueden equiparse con sensores avanzados, cámaras y dispositivos de comunicación para recopilar datos en tiempo real y transmitir información importante a los equipos de rescate. Utilizando tecnología robótica, las operaciones de búsqueda y rescate pueden realizarse con mayor rapidez y precisión, lo que en última instancia aumenta las posibilidades de localizar y rescatar a las personas en apuros. El uso de robots en estas operaciones también puede ayudar a minimizar los riesgos a los que se enfrentan los intervinientes humanos en entornos peligrosos, garantizando así la seguridad tanto de los rescatadores como de los supervivientes. Aunque los beneficios potenciales de la utilización de la robótica en las operaciones de búsqueda y rescate son sustanciales, también hay retos que deben abordarse para maximizar la eficacia de estas tecnologías. Deben considerarse cuidadosamente cuestiones como la integración de algoritmos de IA, la autonomía de los robots en los procesos de toma de decisiones y la interoperabilidad con los sistemas de rescate existentes. Deben tenerse en cuenta las preocupaciones éticas, como los problemas de privacidad y el impacto potencial sobre el trabajo humano. Si se reconocen y abordan estos retos, se podrá aprovechar todo el potencial de la robótica en las operaciones de búsqueda y rescate, lo que conducirá a resultados más eficaces, seguros y, en última instancia, más satisfactorios en las situaciones de emergencia.

Consideraciones éticas en el despliegue de IA durante catástrofes

A medida que se generaliza el uso de la inteligencia artificial, sobre todo en situaciones de respuesta ante catástrofes, las consideraciones éticas adquieren mayor importancia. Una de las principales preocupaciones gira en torno a los posibles sesgos de los algoritmos de IA, que podrían exacerbar inadvertidamente las disparidades existentes durante las crisis. Si un sistema de IA se programa con datos sesgados, puede priorizar inadvertidamente los recursos hacia determinados grupos demográficos en detrimento de otros, lo que provocaría más desigualdades en el acceso a la ayuda crítica durante las catástrofes. Las cuestiones de transparencia y responsabilidad son primordiales cuando se confía a los sistemas de IA la toma de decisiones en situaciones de alto riesgo. La falta de transparencia en el modo en que la IA toma las decisiones puede minar la confianza en la tecnología y dificultar la rendición de cuentas sobre los resultados. El despliegue generalizado de la IA en la respuesta a las catástrofes plantea interrogantes sobre el nivel de supervisión y control humanos necesarios para mitigar los riesgos y garantizar una conducta ética. Aunque los sistemas de IA pueden procesar grandes cantidades de datos y tomar decisiones rápidas, es necesaria la intervención humana para validar los resultados y garantizar que las decisiones se ajustan a los principios y valores éticos. Por ello, lograr un equilibrio entre la autonomía de los sistemas de IA y la participación del juicio humano resulta esencial para mantener las normas éticas durante las catástrofes. La posibilidad de que la IA perpetúe o amplifique los prejuicios debe abordarse mediante sólidos mecanismos de supervisión y un seguimiento continuo para evitar consecuencias imprevistas. Navegar por las consideraciones éticas que rodean el despliegue de la IA en situaciones de catástrofe requiere un enfoque global que abarque la transparencia, la responsabilidad y la supervisión humana. Abordando activamente los sesgos de los algoritmos de IA, garantizando la transparencia en los procesos de toma de decisiones y estableciendo líneas claras de responsabilidad, las partes interesadas pueden trabajar para aprovechar todo el potencial de la IA, respetando al mismo tiempo las normas éticas. El despliegue responsable de la IA en la respuesta a las catástrofes requiere un esfuerzo de colaboración entre los responsables políticos, los tecnólogos y los expertos en ética para desarrollar marcos que den prioridad al bienestar y la equidad de todas las personas afectadas por las catástrofes.

XXX. LA IA EN EL DEPORTE

A medida que la inteligencia artificial sigue avanzando, su integración en el mundo del deporte ha abierto nuevas oportunidades y retos. Un área en la que la IA está teniendo un impacto significativo es el análisis del rendimiento. Mediante el uso de herramientas basadas en IA, entrenadores y atletas pueden recopilar y analizar grandes cantidades de datos para mejorar las técnicas de entrenamiento, optimizar el rendimiento y obtener una ventaja competitiva. Los sensores integrados en los equipos pueden seguir los movimientos de un atleta en tiempo real, proporcionando información valiosa sobre su técnica y condición física. Estos datos pueden analizarse mediante algoritmos de IA para identificar patrones, tendencias y áreas de mejora. La IA está revolucionando la experiencia de los aficionados al deporte. Con el desarrollo de tecnologías impulsadas por la IA, como la realidad virtual (RV) y la realidad aumentada (RA), los aficionados pueden disfrutar ahora de experiencias inmersivas e interactivas desde la comodidad de sus hogares. La tecnología de RV permite a los aficionados ver los partidos desde distintos ángulos de cámara, participar en simulaciones virtuales e incluso interactuar con los jugadores en un entorno virtual. Esto no sólo aumenta el valor de entretenimiento de los deportes, sino que también proporciona nuevas fuentes de ingresos para los equipos y las ligas a través de la venta de entradas virtuales y los patrocinios. Además del análisis del rendimiento y la participación de los aficionados, la IA también está desempeñando un papel crucial en la prevención de lesiones y la seguridad de los jugadores en el deporte. Mediante el análisis de datos biomecánicos y la supervisión de los movimientos de los jugadores, los algoritmos de IA pueden ayudar a identificar posibles riesgos de lesión, desarrollar programas de entrenamiento personalizados e incluso predecir cuándo un atleta puede correr el riesgo de lesionarse. Este enfoque proactivo de la salud de los jugadores no sólo prolonga sus carreras, sino que también garantiza el bienestar de los atletas tanto dentro como fuera del campo. A medida que la IA siga evolucionando, es probable que aumente su impacto en el deporte, configurando el futuro del sector de formas que aún no hemos imaginado.

Análisis y predicción del rendimiento

A medida que la tecnología sigue avanzando, la capacidad de analizar y predecir el rendimiento de los sistemas de inteligencia artificial es cada vez más importante. El análisis del rendimiento implica controlar y evaluar la eficacia y eficiencia de los algoritmos y sistemas de IA para alcanzar los objetivos previstos. Examinando factores como la velocidad de procesamiento, la precisión y la escalabilidad, los investigadores pueden identificar áreas de mejora y optimización. La predicción del rendimiento desempeña un papel crucial a la hora de anticipar resultados y tendencias futuras basándose en datos históricos y simulaciones de modelos. Un aspecto clave del análisis del rendimiento en IA es la evaluación del rendimiento de los algoritmos en relación con tareas o aplicaciones específicas. Comparando los algoritmos con métricas y normas establecidas, los investigadores pueden evaluar su eficacia para resolver problemas del mundo real. El análisis del rendimiento puede ayudar a identificar cuellos de botella o áreas de ineficacia dentro de un sistema de IA, lo que conduce a mejoras y optimizaciones específicas. Este proceso iterativo de análisis y perfeccionamiento es esencial para garantizar que las tecnologías de IA sigan evolucionando y satisfagan las demandas cambiantes de los usuarios y las industrias. En el ámbito de la predicción del rendimiento, las técnicas de aprendizaje automático, como el modelado predictivo y el análisis de series temporales, desempeñan un papel fundamental en la previsión de resultados y tendencias futuros. Aprovechando los datos y patrones históricos, los investigadores pueden desarrollar modelos predictivos que ayuden a anticipar posibles problemas, identificar oportunidades emergentes y optimizar los procesos de toma de decisiones. La predicción del rendimiento puede permitir estrategias proactivas de mantenimiento y asignación de recursos, lo que mejora la fiabilidad del sistema y la eficacia operativa. La integración del análisis y la predicción del rendimiento en los sistemas de IA es esencial para impulsar la innovación y lograr resultados óptimos en diversos ámbitos.

Entrenamiento y optimización del deportista

La optimización del entrenamiento de los atletas es un aspecto crucial para maximizar el rendimiento y lograr el éxito competitivo en el deporte. Con el avance de la tecnología y la integración de la inteligencia artificial en los programas de entrenamiento de atletas, los entrenadores y preparadores físicos tienen acceso a potentes herramientas que pueden ayudar a analizar datos, identificar patrones y personalizar los regímenes de entrenamiento para adaptarlos a las necesidades de cada atleta. La IA puede procesar grandes cantidades de datos procedentes de dispositivos portátiles, sensores y análisis de vídeo para proporcionar información sobre el rendimiento, la recuperación y la prevención de lesiones de un deportista. Al ajustar los programas de entrenamiento basándose en las recomendaciones de la IA, los entrenadores pueden ayudar a los deportistas a alcanzar su mejor condición física y mejorar su rendimiento general en el campo. Los programas de entrenamiento basados en IA también pueden ayudar a optimizar los programas de entrenamiento, gestionar los niveles de fatiga y predecir posibles lesiones. Analizando los datos sobre los patrones de sueño, la variabilidad de la frecuencia cardiaca y la ingesta nutricional de un deportista, los algoritmos de IA pueden ofrecer recomendaciones sobre días de descanso, estrategias de recuperación y planes de nutrición personalizados. Este enfoque personalizado del entrenamiento de los deportistas puede mejorar el rendimiento, reducir el riesgo de lesiones y mejorar el bienestar general. La IA puede simular escenarios de juego, crear entornos de entrenamiento virtuales y proporcionar información en tiempo real durante las sesiones de entrenamiento, lo que permite a los atletas perfeccionar sus habilidades y su capacidad de toma de decisiones bajo presión. La integración de la IA en los programas de entrenamiento de los atletas también puede dar lugar a avances en la investigación de las ciencias del deporte, la innovación en el diseño de equipos y el desarrollo de nuevas metodologías de entrenamiento. Al aprovechar las tecnologías de IA en el análisis deportivo, la biomecánica y el control del rendimiento, los entrenadores y preparadores físicos pueden adelantarse a la competencia y mejorar continuamente sus métodos de entrenamiento. La evolución de la IA en el entrenamiento de los atletas representa un cambio de paradigma en la forma de enfocar el deporte, ya que la información basada en datos y los comentarios personalizados desempeñan un papel fundamental en la optimización del rendimiento atlético y en la superación de los límites del potencial humano en el deporte.

Consideraciones éticas en los deportes mejorados por IA

A medida que la inteligencia artificial sigue avanzando, su integración en los deportes ha planteado importantes consideraciones éticas. Una cuestión clave en el ámbito de los deportes mejorados por la IA es la posibilidad de que se produzcan ventajas injustas. A medida que los equipos o los atletas utilizan algoritmos de IA para analizar a los oponentes, optimizar las rutinas de entrenamiento o incluso tomar decisiones durante el juego, existe el riesgo de que aquellos con mayor acceso a la tecnología avanzada de IA puedan obtener una ventaja competitiva. Esto podría conducir a una disparidad en los niveles de rendimiento, socavando en última instancia los principios del juego limpio y la deportividad. Es crucial establecer directrices y normativas que garanticen la igualdad de condiciones en los deportes mejorados con IA. Otra preocupación ética en el contexto de los deportes mejorados con IA es la invasión de la privacidad. Con la recopilación de grandes cantidades de datos sobre el rendimiento de los deportistas, métricas de salud e información personal, existe el riesgo de que estos datos se utilicen indebidamente o se exploten. Los atletas pueden sentirse presionados a compartir datos sensibles para seguir siendo competitivos, lo que plantea cuestiones sobre el consentimiento y la seguridad de los datos. El uso de la IA en las retransmisiones deportivas para seguir y analizar los movimientos de los jugadores suscita preocupación sobre la vigilancia y los límites entre el rendimiento profesional y la privacidad personal. Es esencial que las partes interesadas de la industria del deporte aborden estas cuestiones de forma proactiva y den prioridad a la protección de los derechos y la privacidad de los deportistas. Las implicaciones éticas de los deportes mejorados por la IA se extienden a los valores y normas sociales. A medida que los algoritmos de IA moldean cada vez más la forma de jugar, entrenar y consumir los deportes, es necesario considerar el impacto en las prácticas tradicionales y los valores culturales. El uso de la IA en las decisiones arbitrales puede poner en tela de juicio el elemento humano del arbitraje deportivo, planteando cuestiones sobre el papel de la subjetividad y el juicio en la deportividad. La automatización de los procesos de búsqueda e identificación de talentos mediante la IA puede cambiar la dinámica del desarrollo y la captación de talentos en el deporte. Es esencial entablar un diálogo y un discurso críticos sobre las implicaciones éticas de la IA en el deporte para garantizar que la tecnología se utilice de forma que se ajuste a los valores sociales y promueva la integridad de la competición deportiva.

XXXI. LA IA EN LA INDUSTRIA DEL ENTRETENIMIENTO

Los avances en inteligencia artificial han tenido un impacto significativo en la industria del entretenimiento, revolucionando la forma en que se crean, distribuyen y consumen los contenidos. Desde las recomendaciones personalizadas en las plataformas de streaming hasta el uso de algoritmos impulsados por la IA para la selección y edición de contenidos, la integración de la IA ha optimizado la experiencia del entretenimiento para los usuarios de todo el mundo. Una aplicación notable de la IA en el sector es el desarrollo de influyentes virtuales, personajes creados digitalmente que interactúan con el público en las redes sociales y promocionan marcas. Estas personas influyentes virtuales están diseñadas para resonar con los grupos demográficos más jóvenes y han ganado popularidad como estrategia de marketing en la era digital. La IA también ha permitido la creación de personajes y entornos hiperrealistas generados por ordenador en películas, programas de televisión y videojuegos. El uso de efectos visuales impulsados por la IA ha elevado el listón de la narración visual, difuminando la línea que separa la realidad de la ficción. Las empresas de entretenimiento han utilizado herramientas de IA, como el software de reconocimiento facial y los algoritmos de análisis de sentimientos, para medir las reacciones y preferencias del público, ayudándoles a adaptar sus contenidos para conseguir la máxima participación. Al aprovechar el poder de la IA, la industria del entretenimiento ha podido explorar nuevas posibilidades creativas y mejorar la experiencia general del entretenimiento para los consumidores. De cara al futuro, los continuos avances de la tecnología de IA están preparados para moldear aún más el futuro de la industria del entretenimiento. A medida que los algoritmos de IA se vuelvan más sofisticados y capaces de comprender y predecir el comportamiento humano, los creadores de contenidos tendrán acceso a potentes herramientas para contar historias y atraer a la audiencia. El auge de los robots autónomos en el entretenimiento, como los animatrónicos y las exposiciones interactivas potenciados por la IA, ofrecerán experiencias envolventes al público de parques temáticos, museos y otros lugares de ocio. La integración de la IA en la industria del entretenimiento representa un cambio de paradigma en la forma de producir, consumir y experimentar los contenidos, allanando el camino para una nueva era de creatividad e innovación.

Creación y personalización de contenidos

La evolución de la inteligencia artificial ha allanado el camino para avances significativos en la creación y personalización de contenidos. Los asistentes virtuales, como Siri, Alexa y Google Assistant, han sido fundamentales en esta evolución al ofrecer servicios personalizados basados en las preferencias y el comportamiento de los usuarios. Estos asistentes virtuales tienen la capacidad de entender y responder a órdenes en lenguaje natural, mejorando su eficacia a la hora de ofrecer recomendaciones y asistencia a medida. Como resultado, se han convertido en herramientas indispensables en diversos sectores, desde la atención al cliente hasta la sanidad, mejorando la experiencia del usuario e impulsando la productividad. Con los avances en el procesamiento del lenguaje natural y la integración del aprendizaje automático y las redes neuronales, los asistentes virtuales se han vuelto cada vez más sofisticados en su capacidad de personalizar contenidos. Pueden analizar grandes cantidades de datos para predecir las preferencias y comportamientos de los usuarios, ofreciendo recomendaciones y respuestas personalizadas en tiempo real. Este nivel de personalización no sólo mejora la satisfacción del usuario, sino que también ayuda a las empresas a comprender mejor a sus clientes y a dirigir sus esfuerzos de marketing con mayor eficacia. A medida que los asistentes virtuales sigan evolucionando, la línea entre el contenido generado por humanos y el generado por IA se difuminará, dando lugar a nuevas posibilidades de creación y personalización de contenidos. La transición de los asistentes virtuales a los robots autónomos representa la próxima frontera de la inteligencia artificial, donde la creación de contenidos y servicios personalizados alcanzará nuevas cotas. Los robots autónomos, como los vehículos autónomos y los robots de limpieza, son capaces de realizar tareas de forma independiente sin intervención humana. Estos robots pueden adaptarse a entornos cambiantes, aprender de sus interacciones y prestar servicios personalizados adaptados a las necesidades individuales. El desarrollo de robots autónomos también plantea retos tecnológicos y éticos, como la preocupación por el desplazamiento de puestos de trabajo y los riesgos para la seguridad. A pesar de estos retos, los beneficios potenciales de los robots autónomos para revolucionar sectores como la medicina, la logística y la agricultura son enormes, y ponen de relieve el impacto transformador de la IA en la creación y personalización de contenidos.

Realidad Virtual e Integración de la IA
La integración de la realidad virtual y la inteligencia artificial

representa un avance significativo en el campo de la tecnología. Al combinar la experiencia inmersiva de la realidad virtual con las capacidades inteligentes de la IA, se desbloquean nuevas posibilidades para diversas industrias. Una ventaja clave de esta integración es la mejora de las oportunidades de formación y simulación que ofrece. En el campo médico, los cirujanos pueden practicar procedimientos complejos en un entorno virtual, lo que les permite perfeccionar sus habilidades sin necesidad de pacientes físicos. Esto no sólo mejora la seguridad del paciente, sino que también reduce los costes asociados a los métodos de formación tradicionales. La integración de la realidad virtual y la IA puede revolucionar la forma en que interactuamos con la tecnología. Los asistentes virtuales, ya familiares para los usuarios en forma de Alexa o Google Assistant, podrían mejorarse con capacidades de realidad virtual para proporcionar experiencias aún más personalizadas e inmersivas. Imagina poder hacer que un asistente virtual te guíe por una visita virtual a una nueva ciudad o te ayude a practicar una presentación en un entorno simulado. Las posibilidades de mejorar el compromiso y la experiencia del usuario son realmente ilimitadas con esta integración. El uso de la realidad virtual y la integración de la IA en sectores como el de los juegos y el entretenimiento puede crear experiencias totalmente nuevas para los usuarios. La posibilidad de interactuar con personajes virtuales inteligentes en un entorno realista e inmersivo abre nuevas vías para la narración y el juego. Desde salas de escape de realidad virtual que se adaptan a las decisiones del jugador hasta personajes controlados por la IA que responden a las emociones del jugador, la integración de estas tecnologías puede elevar las experiencias de entretenimiento a nuevas cotas. A medida que la tecnología sigue evolucionando, el potencial de la realidad virtual y la integración de la IA para dar forma al futuro de diversas industrias es emocionante y prometedor.

Impacto en el compromiso y la experiencia de la audiencia

No se puede subestimar el impacto de los asistentes virtuales en la participación y la experiencia del público. Estas herramientas potenciadas por la IA han revolucionado la forma en que las personas interactúan a diario con la tecnología. Al proporcionar a los usuarios una interfaz fluida e intuitiva para tareas como establecer recordatorios, consultar el tiempo o pedir comida, los asistentes virtuales se han convertido en una parte indispensable de la vida moderna. La comodidad y eficacia que ofrecen han mejorado significativamente el compromiso y la satisfacción de los usuarios en diversos sectores, lo que ha dado lugar a una experiencia más personalizada e interactiva para los consumidores. A medida que la tecnología sigue evolucionando, la transición de los asistentes virtuales a los robots autónomos representa un avance significativo en el campo de la inteligencia artificial. Los robots autónomos, con su capacidad para realizar tareas de forma independiente y tomar decisiones basadas en señales del entorno, tienen el potencial de mejorar aún más el compromiso y la experiencia del público. Desde los vehículos autónomos que circulan por las calles de las ciudades hasta los robots de limpieza que ordenan los hogares, estas máquinas están remodelando la forma en que interactuamos con nuestro entorno. La naturaleza inmersiva e interactiva de los robots autónomos tiene el poder de cautivar al público y crear una experiencia verdaderamente única y atractiva que difumina las líneas entre la interacción humana y la de las máquinas. La adopción generalizada de robots autónomos también plantea importantes consideraciones éticas y sociales. A medida que estas máquinas se van integrando en la vida cotidiana, hay que abordar las preocupaciones sobre la privacidad, la seguridad y el desplazamiento de puestos de trabajo. Si sorteamos con cuidado estos retos y aplicamos las normativas adecuadas, podremos garantizar que el impacto de los robots autónomos en la participación y la experiencia del público siga siendo positivo y beneficioso. La evolución de la inteligencia artificial, desde los asistentes virtuales hasta los robots autónomos, tiene el potencial de transformar la forma en que vivimos, trabajamos e interactuamos con la tecnología, abriendo nuevas posibilidades de innovación y crecimiento en la era digital.

XXXII. LA IA EN LA ATENCIÓN AL CLIENTE

La integración de la inteligencia artificial en el servicio de atención al cliente ha revolucionado la forma en que las empresas interactúan con sus clientes. Mediante el uso de chatbots y asistentes virtuales potenciados por IA, las empresas pueden proporcionar asistencia inmediata y personalizada a los clientes, mejorando su experiencia global. Estas herramientas de IA no sólo son capaces de gestionar consultas y tareas básicas, sino que también pueden analizar los datos del cliente para ofrecer recomendaciones y soluciones a medida. Aprovechando la IA en el servicio de atención al cliente, las organizaciones pueden mejorar la eficacia, reducir los tiempos de respuesta y aumentar los niveles de satisfacción del cliente. Una de las principales ventajas de la IA en el servicio de atención al cliente es su capacidad para gestionar simultáneamente un gran volumen de consultas entrantes, sin necesidad de intervención humana. Esto no sólo reduce la carga de los representantes de atención al cliente, sino que también garantiza que los clientes reciban respuestas rápidas y precisas a sus consultas. Los sistemas basados en IA pueden aprender continuamente y mejorar su rendimiento con el tiempo, adaptándose a las preferencias de los clientes y a la evolución de las tendencias. Esta naturaleza adaptativa de la IA permite a las empresas adelantarse a los acontecimientos y ofrecer una experiencia del cliente fluida y coherente en los distintos puntos de contacto. La IA en el servicio de atención al cliente permite a las empresas obtener información valiosa de las interacciones con los clientes, que puede utilizarse para mejorar los productos, los servicios y las estrategias de marketing. Analizando patrones de comportamiento y sentimiento de los clientes, las organizaciones pueden identificar áreas de mejora, anticiparse a las necesidades de los clientes y personalizar sus ofertas. Este enfoque proactivo no sólo refuerza las relaciones con los clientes, sino que también impulsa el crecimiento empresarial y la competitividad en el panorama digital actual. A medida que la tecnología de IA siga evolucionando, el papel de la IA en la atención al cliente se ampliará sin duda, ofreciendo infinitas posibilidades de innovación y mejor compromiso con el cliente.

Chatbots y sistemas de asistencia automatizados
A medida que la tecnología sigue avanzando, los chatbots y los sistemas de asistencia automatizados son cada vez más frecuentes en diversos sectores. Estas herramientas impulsadas por la IA están diseñadas para proporcionar asistencia e información a los usuarios, agilizando los procesos y mejorando el servicio al cliente. Los asistentes virtuales, como Siri y Alexa, estuvieron entre las primeras iteraciones de chatbots, allanando el camino para sistemas de asistencia automatizados más sofisticados. Estos asistentes virtuales revolucionaron la forma en que las personas interactúan con la tecnología al permitir comandos de voz y capacidades de procesamiento del lenguaje natural, marcando un hito importante en la evolución de la IA. Con los avances en la comprensión del lenguaje natural y el aprendizaje automático, los chatbots han evolucionado para ofrecer una asistencia más personalizada y eficaz. La integración de redes neuronales ha mejorado la precisión y capacidad de respuesta de los sistemas automatizados, permitiéndoles

gestionar consultas y tareas complejas. Este progreso no sólo ha mejorado la experiencia del usuario, sino que también ha aumentado la adopción de chatbots en sectores que van desde la atención al cliente a la asistencia sanitaria. La capacidad de los sistemas de asistencia automatizados para interpretar y responder al lenguaje humano ha tenido un profundo impacto en la forma en que las empresas se relacionan con sus clientes, lo que ha dado lugar a una mayor eficiencia y satisfacción de los clientes. De cara al futuro, el desarrollo de robots autónomos representa la próxima frontera de la inteligencia artificial. Estos robots, equipados con sensores avanzados y capacidad para tomar decisiones, tienen el potencial de revolucionar sectores como la fabricación, el transporte y la atención sanitaria. La adopción generalizada de robots autónomos también plantea problemas éticos y sociales, como cuestiones relacionadas con el desplazamiento de puestos de trabajo y la privacidad de los datos. Es esencial que los responsables políticos y las partes interesadas de la industria aborden estos retos de forma proactiva para garantizar que se maximizan los beneficios de los robots autónomos al tiempo que se mitigan los riesgos potenciales.

Interacciones personalizadas con los clientes

A medida que la inteligencia artificial sigue revolucionando diversos sectores, las interacciones personalizadas con los clientes se han convertido en un punto clave para las empresas que buscan mejorar las experiencias de los usuarios y fidelizar a sus clientes. Mediante la implementación de asistentes virtuales potenciados por IA, las empresas pueden ahora ofrecer asistencia y recomendaciones personalizadas basadas en preferencias y comportamientos individuales. Estos asistentes virtuales, como Siri, Alexa y Google Assistant, han evolucionado para comprender y responder a órdenes complejas, lo que los convierte en herramientas valiosas para ofrecer servicios personalizados a los clientes en tiempo real. Los avances en el procesamiento del lenguaje natural han desempeñado un papel crucial en la mejora de las capacidades de los asistentes virtuales, permitiéndoles entablar conversaciones más sofisticadas y ofrecer respuestas más precisas. Integrando tecnologías de aprendizaje automático y redes neuronales, los asistentes virtuales pueden ahora adaptarse a las preferencias individuales, aprender de interacciones anteriores y anticiparse a las necesidades del usuario. Este nivel de personalización no sólo mejora la experiencia general del usuario, sino que también ayuda a las empresas a mejorar la satisfacción del cliente e impulsar las ventas mediante recomendaciones y ofertas específicas. De cara al futuro, el desarrollo de robots autónomos representa la próxima frontera de la inteligencia artificial, ofreciendo aún más oportunidades de interacciones personalizadas con los clientes. Los robots autónomos, como los vehículos autónomos, los robots de limpieza y los robots en la industria, tienen el potencial de revolucionar el servicio al cliente proporcionando una asistencia fluida y eficaz en diversos entornos. A medida que las empresas exploran las posibilidades de los robots autónomos, también deben sortear los retos tecnológicos y éticos asociados a su desarrollo para garantizar que estos robots puedan ofrecer experiencias personalizadas, respetando al mismo tiempo las normas éticas y la normativa sobre privacidad de datos.

Retos y oportunidades en la atención al cliente impulsada por la IA

Al considerar la evolución de la inteligencia artificial, no se puede pasar por alto el importante impacto que el servicio de atención al cliente impulsado por la IA ha tenido tanto en las empresas como en los consumidores. Uno de los principales retos a la hora de implantar el servicio de atención al cliente impulsado por la IA es la posible pérdida del toque personal que proporcionan las interacciones tradicionales del servicio de atención al cliente. Los clientes pueden sentirse desconectados o frustrados al interactuar con una máquina en lugar de con un humano, lo que conduce a una disminución de la satisfacción y la lealtad. Este reto también supone una oportunidad para que las empresas mejoren sus sistemas de IA para ofrecer respuestas más personalizadas y empáticas. Al incorporar el análisis de sentimientos y la tecnología de reconocimiento emocional, el servicio de atención al cliente impulsado por la IA puede mejorar la calidad de las interacciones y satisfacer mejor las necesidades de los clientes. Otro reto del servicio de atención al cliente impulsado por la IA es el riesgo de que los sesgos algorítmicos afecten al modo en que se atiende a las personas. Los sistemas de IA son tan buenos como los datos con los que se entrenan, y si estos datos están sesgados o incompletos, pueden dar lugar a resultados discriminatorios. Las empresas deben vigilar y mitigar los sesgos de sus sistemas de IA para garantizar experiencias de atención al cliente justas y equitativas. Por otra parte, este reto también abre oportunidades para que las empresas aprovechen la IA para abordar proactivamente los sesgos y promover la diversidad y la inclusión en sus operaciones de atención al cliente. Al participar activamente en iniciativas de transparencia algorítmica y equidad, las empresas pueden generar confianza con sus clientes y demostrar su compromiso con las prácticas éticas de la IA. A pesar de los retos, el servicio de atención al cliente impulsado por la IA presenta numerosas oportunidades para que las empresas agilicen las operaciones, mejoren la eficiencia y mejoren las experiencias de los clientes. Aprovechando tecnologías de IA como el procesamiento del lenguaje natural, el aprendizaje automático y el análisis predictivo, las empresas pueden automatizar tareas rutinarias, proporcionar tiempos de respuesta más rápidos y ofrecer recomendaciones personalizadas a los clientes. El servicio de atención al cliente impulsado por la IA permite a las empresas recopilar y analizar grandes cantidades de datos para obtener información valiosa sobre el comportamiento y las preferencias de los clientes. Con las estrategias adecuadas, las empresas pueden aprovechar el poder de la IA para optimizar sus procesos de atención al cliente e impulsar el crecimiento y el éxito en un mercado cada vez más competitivo.

XXXIII. CONCLUSIÓN

A medida que se desarrolla el viaje desde los asistentes virtuales a los robots autónomos, se hace evidente que la inteligencia artificial ha dado pasos significativos en la remodelación de diversos aspectos de nuestras vidas. La progresión desde asistentes virtuales básicos como Siri y Alexa hasta sofisticados robots autónomos representa un cambio monumental en las capacidades de las tecnologías de IA. Estos avances no sólo han mejorado nuestra eficiencia y productividad en distintos ámbitos, sino que también han planteado importantes consideraciones éticas que deben abordarse. La transición hacia los robots autónomos marca una nueva fase en la evolución de la IA, en la que las máquinas son cada vez más capaces de tomar decisiones y realizar tareas de forma autónoma. Las aplicaciones de los robots autónomos en el mundo real abarcan diversos sectores, como la medicina, la logística, la agricultura y la seguridad, mostrando el inmenso potencial de la IA para revolucionar las prácticas tradicionales. Aunque los beneficios de los robots autónomos son innegables, también existen riesgos inherentes asociados a su adopción generalizada. Mientras navegamos por este panorama en rápida evolución, es crucial encontrar un equilibrio entre la innovación tecnológica y las consideraciones éticas para garantizar que los avances de la IA se aprovechen para el bien de la sociedad. El futuro de la inteligencia artificial es inmensamente prometedor, pero también requiere una navegación cuidadosa para abordar los complejos retos que nos aguardan. La evolución de la inteligencia artificial, desde los asistentes virtuales hasta los robots autónomos, representa una profunda transformación de la forma en que interactuamos con la tecnología y del impacto potencial que puede tener en diversas industrias. Al mirar hacia el futuro de la IA, es imperativo anticipar las tendencias y perspectivas que conformarán el panorama de la innovación. Reflexionando sobre las lecciones aprendidas en el camino recorrido hasta ahora, podemos prepararnos mejor para un futuro en el que la IA seguirá desempeñando un papel central en la configuración de nuestro mundo. Mediante una regulación meditada y consideraciones éticas, podemos aprovechar el poder de la IA para construir un futuro más inclusivo y sostenible para todos.

Recapitulación de la Evolución de la IA desde los Asistentes Virtuales a los Robots Autónomos

El progreso tecnológico ha impulsado la evolución de la inteligencia artificial desde los asistentes virtuales hasta los robots autónomos. El viaje comenzó con la introducción de asistentes virtuales como Siri, Alexa y Google Assistant, que revolucionaron la forma en que interactuamos con la tecnología. Estos asistentes virtuales se centraron inicialmente en tareas básicas como establecer recordatorios y reproducir música, pero avanzaron rápidamente para manejar órdenes más complejas gracias a las mejoras en el procesamiento del lenguaje natural. Su impacto en la vida cotidiana y en diversas industrias fue significativo, allanando el camino para nuevos avances en IA. A medida que mejoraba la tecnología de reconocimiento de voz, la atención se desplazó hacia la mejora de la comprensión del lenguaje natural en los asistentes virtuales. Esto condujo a la integración de tecnologías de aprendizaje automático y redes neuronales, lo que permitió a los asistentes virtuales interpretar y responder a órdenes más matizadas con eficacia. El crecimiento exponencial de las capacidades de los asistentes virtuales sentó las bases para la siguiente frontera en la evolución de la IA: los robots autónomos. Estos robots, caracterizados por su capacidad para funcionar de forma independiente y tomar decisiones basadas en datos en tiempo real, se han convertido en parte integrante de sectores como el transporte, la sanidad y la fabricación. El desarrollo de robots autónomos presenta retos únicos, tanto tecnológicos como éticos. Sus aplicaciones en diversos sectores, como la medicina, la logística, la agricultura y la seguridad, están llevando la eficiencia y la productividad empresarial a nuevas cotas. A medida que la IA sigue avanzando, es esencial prever los posibles beneficios y riesgos asociados a la adopción generalizada de robots autónomos. La evolución de los asistentes virtuales a los robots autónomos subraya el poder transformador de la inteligencia artificial a la hora de remodelar el futuro de las interacciones hombre-máquina y el panorama social en general.

Reflexión sobre el impacto transformador de las tecnologías de IA

El impacto transformador de las tecnologías de IA es evidente en la evolución de los asistentes virtuales a los robots autónomos. Los asistentes virtuales, como Siri, Alexa y Google Assistant, marcaron el paso inicial en la integración de la IA en la vida cotidiana. Estas tecnologías impulsadas por la IA no sólo han agilizado las tareas y aumentado la eficiencia, sino que también han revolucionado la forma en que las personas interactúan con los dispositivos y acceden a la información. El desarrollo del procesamiento del lenguaje natural ha mejorado aún más las capacidades de los asistentes virtuales, permitiéndoles comprender y responder a órdenes complejas con mayor precisión. La integración de tecnologías de aprendizaje automático y redes neuronales ha mejorado significativamente el rendimiento general y la capacidad de respuesta de los asistentes virtuales, allanando el camino para aplicaciones de IA más avanzadas. A medida que avanza la tecnología, los robots autónomos han surgido como la próxima frontera de la inteligencia artificial. Estos robots poseen la capacidad de funcionar de forma independiente, tomando decisiones y realizando tareas sin intervención humana. Desde vehículos autónomos hasta robots de limpieza y robots industriales, estas máquinas impulsadas por la IA están revolucionando diversos sectores. El desarrollo de robots autónomos también plantea retos tecnológicos y éticos. Cuestiones como la seguridad, la privacidad y el impacto en la mano de obra deben abordarse cuidadosamente para garantizar el despliegue y la regulación responsables de los robots autónomos en la sociedad. A pesar de estos retos, no pueden pasarse por alto los beneficios potenciales de los robots autónomos para mejorar la eficacia, la productividad y la seguridad de las empresas. Reflexionar sobre la transición de los asistentes virtuales a los robots autónomos subraya el profundo impacto que las tecnologías de IA han tenido en la sociedad. A medida que la IA sigue evolucionando e integrándose en diversos aspectos de la vida humana, es crucial tener en cuenta las implicaciones éticas y garantizar que los avances tecnológicos estén en consonancia con los valores sociales. Lograr un equilibrio entre la innovación y las consideraciones éticas será clave para aprovechar el potencial de la IA para mejorar la vida, al tiempo que se mitigan los posibles riesgos. El futuro de la inteligencia artificial es inmensamente prometedor, pero una reflexión meditada y una regulación proactiva son esenciales para garantizar que las tecnologías de IA sirvan al bien colectivo.

Llamamiento a la acción para un desarrollo ético y responsable de la IA

A medida que el campo de la inteligencia artificial sigue avanzando rápidamente, se hace un llamamiento urgente para que se dé prioridad a las prácticas de desarrollo éticas y responsables. La evolución de los asistentes virtuales a los robots autónomos supone un cambio significativo en las capacidades y el impacto de las tecnologías de IA. Con los asistentes virtuales como paso inicial hacia la integración de la IA en la vida cotidiana, es esencial considerar las implicaciones éticas de estas tecnologías. El desarrollo de la IA debe guiarse por principios que den prioridad al bienestar y la seguridad de las personas, garantizando que estos sistemas se diseñen y utilicen éticamente. Más allá de los asistentes virtuales, la aparición de robots autónomos plantea una nueva serie de retos y consideraciones. Estos robots tienen el potencial de revolucionar diversas industrias y actividades humanas, pero su desarrollo debe abordarse con una aguda conciencia de las implicaciones éticas. Desde garantizar la seguridad y la protección hasta abordar el posible desplazamiento de puestos de trabajo, la integración responsable de los robots autónomos requiere una cuidadosa consideración de las repercusiones sociales de estas tecnologías. Por ello, es esencial una llamada a la acción para el desarrollo ético y responsable de la IA, a fin de navegar por las complejidades de este panorama tecnológico en evolución. La transición de los asistentes virtuales a los robots autónomos subraya la necesidad de un enfoque proactivo del desarrollo ético de la IA. Mediante el establecimiento de directrices y normativas claras, las partes interesadas pueden garantizar que las tecnologías de IA se diseñen y desplieguen de forma que se ajusten a las normas éticas y los valores sociales. A medida que la IA sigue desempeñando un papel cada vez más destacado en diversos aspectos de la vida humana, es imperativo que el desarrollo de estas tecnologías siga basándose en consideraciones éticas. Sólo mediante un esfuerzo concertado para dar prioridad al desarrollo responsable de la IA podremos aprovechar todo el potencial de estas tecnologías, mitigando al mismo tiempo los riesgos potenciales y garantizando un impacto positivo en la sociedad.

BIBLIOGRAFÍA

Varsha Jain. La Inteligencia Artificial en la Atención al Cliente". La próxima frontera para el compromiso personalizado, Jagdish N. Sheth, Springer Nature, 17/8/2023

Regina Lynn Preciado. La paradoja de la personalización". Why Companies Fail (and How To Succeed) at Delivering Personalized Experiences at Scale, Val Swisher, XML Press, 3/8/2021

Sr. Ghiath Shabsigh. Impulsar la economía digital: Oportunidades y riesgos de la inteligencia artificial en las finanzas'. El Bachir Boukherouaa, Fondo Monetario Internacional, 22/10/2021

Hayit Greenspan. Aprendizaje profundo para el análisis de imágenes médicas'. S. Kevin Zhou, Academic Press, 23/11/2023

Kaveh Memarzadeh. Inteligencia Artificial en la Asistencia Sanitaria'. Adam Bohr, Academic Press, 21/6/2020

Yen-Wei Chen. Manual de Inteligencia Artificial en la Asistencia Sanitaria". Vol 2: Aspectos prácticos y perspectivas, Chee-Peng Lim, Springer Nature, 26/11/2021

Florentin Smarandache. 'La Enciclopedia de los Investigadores Neutrosóficos, 1er volumen'. Estudio Infinito, 11/12/2016

Grégoire Montavon. IA explicable: interpretar, explicar y visualizar el aprendizaje profundo". Wojciech Samek, Springer Nature, 9/10/2019

Francesco Petruccione. Aprendizaje automático con ordenadores cuánticos". Maria Schuld, Springer Nature, 17/10/2021

Indrajit Pan. Aprendizaje automático cuántico". Siddhartha Bhattacharyya, Walter de Gruyter GmbH & Co KG, 6/8/2020

Raymond Laflamme. Introducción a la Computación Cuántica". Phillip Kaye, OUP Oxford, 1/1/2007

Abhishek Kumar. Computación cuántica e inteligencia artificial". Training Machine and Deep Learning Algorithms on Quantum Computers, Pethuru Raj, Walter de Gruyter GmbH & Co KG, 8/21/2023

Charles Morgan. IA responsable". Un marco político global, Asociación Internacional de Derecho de la Tecnología, 1/1/2019

Malik Ghallab. Reflexiones sobre la Inteligencia Artificial para la Humanidad". Bertrand Braunschweig, Springer Nature, 2/6/2021

Jaime Wood. La palabra sobre la lectura y la escritura universitarias'. Carol Burnell, Recursos Educativos Abiertos de Oregón, 1/1/2020

Ezequiel J. Emanuel. Aspectos éticos y normativos de la investigación clínica". Lecturas y comentarios, Johns Hopkins University Press, 1/1/2003

División de Salud y Medicina. Comunidades en acción'. Caminos hacia la equidad en salud, Academias Nacionales de Ciencias, Ingeniería y Medicina, National Academies Press, 27/4/2017

Marco Antonio Aceves-Fernández. Inteligencia Artificial'. Tendencias y aplicaciones emergentes, BoD - Books on Demand, 27/06/2018

Chen Qiufan. IA 2041". Diez visiones para nuestro futuro, Kai-Fu Lee, Crown, 3/5/2024

Gupta, Brij B. 'Cuestiones de seguridad, privacidad y análisis forense en Big Data'. Joshi, Ramesh C., IGI Global, 30/8/2019

Juhi Kulshrestha. Ética en la Inteligencia Artificial: Sesgo, imparcialidad y más allá'. Animesh Mukherjee, Springer Nature, 29/12/2023

Teresa Scantamburlo. Máquinas en las que confiamos". Perspectivas sobre la IA fiable, Marcello Pelillo, MIT Press, 24/8/2021

Mariya Ouaissa. IA e IoT para el desarrollo sostenible en los países emergentes". Retos y oportunidades, Zakaria Boulouard, Springer Nature, 31/1/2022

Christopher C. Nicholls. Instituciones Financieras". El marco regulador, LexisNexis, 1/1/2008

Bernd Carsten Stahl. Inteligencia Artificial para un futuro mejor". Una perspectiva ecosistémica sobre la ética de la IA y las tecnologías digitales emergentes, Springer Nature, 17/03/2021.

Asociación Americana de Enfermeras. Código Deontológico para Enfermeras con Declaraciones Interpretativas'. Nursesbooks.org, 1/1/2001

Muzaffar Munshi. La ética de la inteligencia artificial: Equilibrando Beneficios y Riesgos'. Muzaffar Munshi, 13/5/2023

Francis X. Govers. Inteligencia Artificial para Robótica'. Construye robots inteligentes que realicen tareas humanas utilizando técnicas de IA, Packt Publishing Ltd, 30/08/2018

A. Pugh. 'Visión robótica'. Springer Science & Business Media, 29/06/2013

Miomir Vukobratovic. Introducción a la robótica'. Springer Science & Business Media, 6/12/2012

Chenyan Xiong. Enfoques neuronales para la recuperación de información conversacional". Jianfeng Gao, Springer Nature, 16/3/2023

Paul Le Grand. El Libro Esencial de la Programación Neurolingüística PNL'. Libera tu poder ilimitado con 17 técnicas de PNL, Coaching con PNL, PNL para los negocios, Tecnología de PNL, Control mental e Inteligencia emocional, Publicación independiente, 30/3/2021

Nuno Sergio Marques Antunes. La Importancia del Datum de Mareas en la Definición de Límites y Fronteras Marítimas". IBRU, 1/1/2000

Dan Jurafsky. Procesamiento del habla y del lenguaje'. Pearson Educación, 9/1/2000

Alma Y. Alanis. Redes neuronales para robótica'. Una perspectiva de ingeniería, Nancy Arana-Daniel, CRC Press, 9/6/2018

Bernhard Mehlig. Aprendizaje automático con redes neuronales'. Una Introducción para Científicos e Ingenieros, Cambridge University Press, 28/10/2021

Kevin Gurney. Introducción a las redes neuronales'. CRC Press, 10/8/2018

Joachim Reinhardt. Redes neuronales". Una introducción, Berndt Müller, Springer Science & Business Media, 10/2/1995

Ilias G. Maglogiannis. Aplicaciones emergentes de la inteligencia artificial en la ingeniería informática". Real Word IA Systems with Applications in EHealth, HCI, Information Retrieval and Pervasive Technologies, IOS Press, 1/1/2007.

Sahil Puri. Planos de aprendizaje automático y ciencia de datos para finanzas". Hariom Tatsat, "O'Reilly Media, Inc.", 10/1/2020

Christoph Molnar. Aprendizaje automático interpretable'. Lulu.com, 1/1/2020

Yoshua Bengio. Aprendizaje profundo'. Ian Goodfellow, MIT Press, 11/10/2016

División de Salud y Medicina. Hacer de la salud ocular un imperativo de salud de la población'. Vision for Tomorrow, Academias Nacionales de Ciencias, Ingeniería y Medicina, National Academies Press, 15/1/2017

Vicente Julián. Asistentes personales: Tecnologías computacionales emergentes'. Angelo Costa, Springer, 29/8/2017

Rosalie K. Ambler. La moral como función de la autodefinición y la etapa de formación". George M. Rickus, Instituto Médico Aeroespacial Naval, Centro Médico Aeroespacial Naval, 1/1/1967

Nick Loper. 'Asistente Virtual'. La guía definitiva para encontrar, contratar y trabajar con asistentes virtuales, CreateSpace Independent Publishing Platform, 8/3/2013

Narayan Changder. Metodología de la investigación'. El asombroso libro de preguntas, Esquema de Changder, 21/12/2022

Michael Wooldridge. Breve historia de la inteligencia artificial'. Qué es, dónde estamos y adónde vamos, Flatiron Books, 19/1/2021

Christoph Lütge. Introducción a la ética en robótica e IA". Christoph Bartneck, Springer Nature, 8/11/2020

www.ingramcontent.com/pod-product-compliance
Lightning Source LLC
Chambersburg PA
CBHW052313220526
45472CB00001B/102